平凡的伟大

PINGFAN DE WEIDA

华北科技学院党委宣传部　主编

知识产权出版社
全国百佳图书出版单位

图书在版编目(CIP)数据

平凡的伟大/华北科技学院党委宣传部主编. —北京:知识产权出版社,2016.8
ISBN 978-7-5130-4388-5

Ⅰ.①平…　Ⅱ.①华…　Ⅲ.①张秀林(1943－2015)—纪念文集
Ⅳ.①K825.46－53

中国版本图书馆 CIP 数据核字(2016)第 195258 号

内容提要

《平凡的伟大》这部纪念张秀林文集收录的师生文章或许并不华美,但每一篇文字,都是用真心意写成的真感情。在求学自述卷中,我们感慨于一个人追求成长进步"不可以不弘毅";在媒体事迹卷中,我们感受到了远大理想原本就呈现在"日复旦兮"的点点滴滴;在感怀追忆卷中,我们体会到了君子之风"流泽万古"的影响力;在学习感悟卷中,我们看到了教师们秉承"自立立人兴安安国"的校训,纷纷以榜样为镜立志向标杆看齐。教育大计,教师为本。站在"十三五"开局之年的新起点上,向着建成现代大学的"华科梦"迈进,我们需要一支高素质的教师队伍,学校事业呼唤更多的张秀林们。

责任编辑:兰　涛　　**责任校对**:谷　洋
装帧设计:郑　重　　**责任出版**:孙婷婷

平凡的伟大

华北科技学院党委宣传部　主编

出版发行:知识产权出版社有限责任公司	网　　址:http://www.ipph.cn
社　　址:北京市海淀区西外太平庄 55 号	邮　　编:100081
责编电话:010-82000860 转 8325	责编邮箱:lantao@cnipr.com
发行电话:010-82000860 转 8101/8102	发行传真:010-82000893/82005070/82000270
印　　刷:三河市国英印务有限公司	经　　销:各大网上书店、新华书店及相关专业书店
开　　本:787mm×1092mm　1/16	印　　张:19.25
版　　次:2016 年 8 月第 1 版	印　　次:2016 年 8 月第 1 次印刷
字　　数:267 千字	定　　价:58.00 元

ISBN 978-7-5130-4388-5

编　委　会

主　编：马顺海

编　委：崔丽娟　唐征友　张美云　赵志强

刘冬梅　揭　欢　朱　超

序

向榜样致敬

他是我们的榜样。

他说自己“条件差、起点低”，但从小就有“穷志气”。

这个“穷志气”，体现在“书山有路勤为径”——他一生刻苦读书，热爱学习；这个“穷志气”，体现在“咬定青山不放松”——他一生追求梦想，矢志不移；这个“穷志气”，体现在“冬雷夏雪乃敢与君绝”——他一生践行诺言，不言放弃。

“穷志气”，“穷”的是曾经的物质条件，而他的精神世界，却如此殷实；他留给我们的精神财富，却这般丰盈。

“木秀于林，风必摧之”，他是张秀林，华北科技学院思政教研部的一位普通教授。他敬党、爱党，以课堂教学为阵地，激情宣讲党的理论路线方针；他爱生护生，坚持课上课下结合，以学识魅力和人格魅力教人、育人、化人。“木秀于林”的人生，没有“风必摧之”的结果，而是不断收获着人们“高山仰止，心向往之”的满怀敬意，生前如此，去后亦如是。

《平凡的伟大》这部纪念张秀林文集收录的师生文章或许并不华美，但每一篇文字，都是用真心意写成的真感情。在求学自述卷中，我们感慨于一个人追求成长进步“不可以不弘毅”；在媒体事迹卷中，我们感受到了远大理想原本就呈现在“日复旦兮”的点点滴滴；在感怀追忆卷中，我们体会到了君子之风“流泽万古”的影响力；在学习感悟卷中，我们看到了教师们秉承“自立立人兴安安国”的校训，纷纷以榜样为镜立志向标杆看齐。

教育大计，教师为本。站在“十三五”开局之年的新起点上，向着建成现代大学的“华科梦”迈进，我们需要一支高素质的教师队伍，学校事业呼唤更多的张秀林们。

掩卷沉思，不禁追问：怎样才能建设一支高素质的教师队伍？答案是：作为综合性系统性工程，需要集思广益搭建平台载体，需要上下一心携手共同努力。其中一个重要方面就是：树立楷模，学习榜样，让广大教师有所启迪、有所感悟，引导广大教师学以促思、真学实做，不断激发教师们干事创业的热情与激情，让向上向善、争先争优的精神在教师队伍中充分涌流，形成辐射校园文化建设的强大正能量。流水经年，我们将在收获事业的同时收获人才，收获“学高为师身正为范”的崇高体验，收获学校教师队伍特有的气质与品格。师者，传道授业解惑，润泽的是他人的生命，实现的是自身的价值。

盖因如此，这本文集的出版才有着特殊的意义。

认真学习贯彻习近平总书记系列重要讲话精神，遵循“有理想信念，有道德情操，有扎实学识，有仁爱之心”的要求砥砺前行，用自身行动诠释社会主义核心价值观，人生就会像张秀林老师那样丰富丰满，平凡中见其伟大。

向张秀林老师致敬！向在学校建设改革发展中涌现出的榜样们致敬！

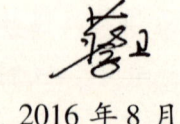

[signature]

2016年8月

目　录

自　述　卷

媒　体　卷

追 忆 卷

亲情篇

袍泽篇

桃李篇

网络篇

感 悟 卷

学习篇

体会篇

点滴篇

自　述　卷

编者按：张秀林逝世后，随着对他生前事迹的挖掘和宣传学习，教授张秀林的印象为更多的后辈所熟知。与此同时，人们对其青年时期特别是学生时代的种种便产生一探究竟的念想。编者有幸通过其子张勇老师提供的《书山学海秀于林——一位教授的拼搏之路》一书，对青年时期的张秀林特别是他刻苦求学的经历有了较深入的了解。经编辑整理，现呈献给广大读者。

书山学海秀于林

——青年张秀林的求学之路

纵观张秀林教师几十年的风风雨雨确属不易，他的条件差、起点低，但他不认输、不服气，发扬中华民族艰苦奋斗的民族精神，高节奏、高质量、高效率，拼搏拼搏再拼搏去创造人生的辉煌。一分耕耘一分收获，他终于由一个农家子弟成长为一名大学教授。

从小就有“穷志气”

秀林自小随哥哥祥生的名字叫银生。长大以后他根据毛泽东主席引用过的一句古语，“木秀于林，风必摧之；闲高于世，人必非之；堆出于岸，水必湍之”，将自己的名字改为秀林，把自己比喻为一棵树，比树林中其他的树长得都高，表明自己要干一番大事业的心迹。

秀林的出生地是一块儿位于黄土高原上的古老土地，秀林的父母是农民，勤劳善良，就是老老实实地种庄稼从地里刨食，从他记事起家中日子就很难过。曾经为爸爸在饭桌上严厉地责怪妹妹吃菜，秀林心里只埋怨爸爸，有时候甚至是恨爸爸。可冷静下来仔细一想也不能怨爸爸，因为家里没钱呀！自己应该为家里分担困难才是，可自己还小出不了力。在初中二年级时写了休学申请，读师范大学就是考虑家里的困难。秀林始终考虑着家里的困难，他常常想快快长大吧，长大了挣好多好多的钱，让全家过好生活，别人能办到的他就能办到，他从小就养成了不服别人不屈不挠的性格。

在文化方面，家庭熏陶还是不错的，妈妈虽然目不识丁，爸爸还是认不少字的，哥哥比他大六岁，速师毕业。秀林在爸爸与哥哥的熏陶

少年时期的张秀林

下，在没有上学之前就会认字，会算算数，甚至学会了拼音。在他的心里从小就萌生了一个念头：等到将来长大一定要上大学。这个决定是一次去古城姥姥家，边步行边思考而下定的。他家离姥姥家二十里地，当时靠的全是步行。秀林从小就养成了习惯，边走路边想问题，后来被叫作时不空过，路不空行。就是长大后上中学离家五十里地，一个月一来回，走了六年都是这样，或者记俄语单词，或者背数学公式，都是边走边记。那天她从姥姥家返回，走在乡间小路上，边走边想，就妹妹吃菜，爸爸态度不好，考虑给爸爸写信的问题，同时也想到将来上大学的问题，走路自然就慢，直走到夕阳西下，一轮红日快要落下吕梁山，因太阳快要落山，那么耀眼，那么好看，这一瞬间又是上大学决心下定的时刻，所以就铭记在秀林幼小的心灵中，终生都没有忘记。

我要读书

童年的艰苦生活对秀林来说是刻骨铭心终生难忘的，这也是他一生能够艰苦拼搏的其中一个重要原因。正如毛泽东主席曾经引用过古代《易经》中的话所说的：穷则思变。秀林从小就立志要艰苦拼搏，要比别人过得强，虽然他当时还处在穷乡僻壤，不能站在更高的层次上考虑问题，但那种自然朴实的感情也使他养成了刚毅的性格，努力奋斗、百折不挠地去实现自己的既定目标，真有点儿压折的芦苇不弯腰的味道。

选什么目标呢？童年的秀林生活在穷乡僻壤之中，生活的圈子很狭窄，接触的都是老实巴交的农民，所以不能够站得高、看得远，唯一能影响他制订目标的是他的哥哥。他的哥哥聪明好学、多才多艺，对秀林有很大的影响，他甚至时常拿他的哥哥作楷模。每次放了寒暑假哥哥带回来课本，秀林都如获至宝，用他还没上学前讨得的文字来阅读，相当于初中的课本，自然大部分不懂而且有的念不下来，拦路虎很多，每次假期一开始，连续几个晚上都在妈妈做针线的油灯下贪婪地读着。秀林从小就养成了读书的习惯，读书成了他终生的嗜好。他从小就立志上大学，上名牌大学，干大事业。他知道千里之行始于足下，万丈高楼平地起的道理，因此就要发奋认字读书为上大学做好准备，艰苦的准备工作在童年就开始了。

秀林终于盼来了这一天，当上了一名小学生。他特别兴奋，这是实现上大学的开始，这场大战打响了。秀林启蒙教育早，加上他立志上大学，所以早做准备，因而学习一点也不吃力。整个小学期间秀林的成绩始终都名列前茅，在学校里、在村里都小有名气，十八个村子会考时，秀林考了个第三名，光荣得很，父母相当高兴，秀林觉得还不满足，他心里暗暗下决心，必须争取第一名，最后秀林以第一名的优秀成绩读完了小学。

秀林从小就尝够了家庭困难的艰辛，这是坏事，但坏事在一定条件下也能变成好事，一方面养成了节约的习惯；另一方面也养成了顽强拼搏的坚毅性格，瞄准目标，不达目的誓不罢休。

上学就得奔名牌

初中开学了，一个新的生活开始了，他上的是临一中初 74 班。秀林的学习成绩比别人的好，其中一个原因就是充分利用了政治运动和生产劳动的时间。只要没什么大事秀林每个星期天都要到临汾师范看哥哥，在书的海洋里遨游，他最喜欢看的是名人传记，向他们学习顽强不屈的精神，学习严谨治学的态度，再就是爱看报纸，了解国际国内大事，用秀林的话来说就是要跟上时代的步伐。他的视野更开阔了，要打到外面去，一般来说秀林的星期日不在学校过。星期日的晚上大多是在临汾图书馆度过的，图书馆的阅览室就临着大街，那里的报纸杂志很多，可以随便看，每到星期日都去，每次去差不多都是第一个进去最后一个出来。除了临汾图书馆以外，去得更多的就是临汾新华书店了，不过那时候的书店是不开架的，不能随便看，在书店秀林主要是看书的广告介绍和书目，掌握信息为在图书馆借书提供参考。中学的学习秀林一直是两条战线作战：一方面将教材啃透，在学业上始终保持名列前茅，多次被选为学习班长；另一方面扩大知识面，丰富自己充实自己，这不但不影响学习，反而还促进了学习，加深理解，形成良性循环。

秀林功课学的扎实，有功底自学能力也强。他还经受了一场考验，初中二年级时查出肺结核，一学期没有上课，按规定得休学。最后学校提出一个办法，如果能参加期末考试而且每门 90 分以上，方可跟班读，否则得休学。没想到秀林当场就斩钉截铁地回答愿意参加期末考试，而且蛮有把握地说争取在年级考第一名，门门在 95 分以上。成绩公布了，果然门门成绩都在 95 分以上，名列全年级第一。秀林成功了，同学们很佩服，领导和班主任也很惊讶，学校做出决定，秀林跟班上课。秀林就是凭着勤奋加科学的安排时间，在这近半年的疗养当中，很好地完成了学业，在没有上课的情况下，靠自学参加期末考试门门 95 分以上，年级第一的优异成绩使老师和同学们心悦诚服，新学期开学秀林跟同学们一起上课了，而且还担任了学习委员。

瞄准北师大

秀林从小就立下了上大学的志向，到了初中阶段以后这样的信念就越来越坚定了，但是选择哪个大学好呢？按当时社会上的看法，最好的大学一是清华大学，二是北京大学，秀林也非常向往这两所大学，但是秀林得面对现实，得考虑自己的家庭情况。但上大学是自己定下的志向，不达目的绝不罢休的，唯一的办法就是选择师范学校了，而师范学校那就首推北京师范大学（以下简称北师大）了。秀林是连做梦也梦见自己上了北师大，在思想上他已经把自己看成是北师大的学生了。

秀林就读的临汾一中很多老师都是北师大的毕业生，北师大经常有书信来临汾一中。看到信封右下方那北京师范大学六个大字时，秀林羡慕极了。后来秀林就找老师索要了几个北师大的信封，把北京师范大学这几个字剪下来，贴在自己的课本上，红艳艳的别提多漂亮了，秀林越看越高兴，自我陶醉。

北师大当时每年在山西只录取十名，考上北师大是非常不容易的，这就得比别人更突出、更拔尖才行。秀林很注意看报、看杂志多吸收对自己有益的营养，表面上看似乎与所学的功课没有直接联系，但能提高人的素质，能增强分析能力和理解能力。有一次《中国青年报》举办知识竞赛，秀林毫不犹豫地参加了。大概有一个月左右，秀林正在上自习，忽然一个本班同学从外面跑进来告诉他收发室有一包书是寄给他的，是从中国青年报社寄来的，秀林打开一看是一本书和一个美丽的书签，获奖了，这件事当时轰动了全校，秀林简直成了学校的新闻人物。秀林很珍爱这两件纪念品。他认真地读了这部书，将美丽的书签夹在书里，经常观看欣赏，这件事更加促进了秀林学习的自觉性和积极性。秀林又把目光盯上了报纸，试着写稿，第一篇是针对当时日本复活军国主义写了一篇抒发自己义愤填膺之情的书，用了一个笔名：党生。稿子投出去之后，登出来了。《晋南报》给党生寄来了报纸和稿费，稿费不多，但这是自己劳动的成果，是自己的血汗的结晶。秀林春风得意，踌躇满志，像一只鼓风的帆船瞄准北京师范大学这个宏伟目标顺流而下。

休学申请书

就在他满怀信心地从各个方面为实现自己上北京师范大学的目标拼搏努力的时候，意想不到的事情发生了，这就是他不得不写休学申请书，而且很可能一年之后还要退学。

困扰秀林的是家庭经济困难问题，熬都熬不过去，不写不行了。秀林流着泪写了休学申请书交给了班主任罗老师，罗老师以慈母般的心情来关怀秀林，同秀林谈话，要他眼光放远一点，罗老师说："我可以资助你上学。"罗老师的关怀，把秀林感动得哭了，但是他怎么能接受老师的钱呢？父母亲听秀林讲了罗老师的情况，也感动得哭了，跟秀林说老师的钱咱不能要，咱也不休学了，家里就是讨饭也要供你上学。为了帮助秀林度过难关，罗老师和班内干部给秀林找一些勤工俭学的项目，同学们都很同情秀林的处境，找到活儿以后都主动要求秀林一块儿干，一边挣伙食费，能把学上下去。

这个境遇深深地刺痛了秀林的心，他一辈子都不会浪费一分钱，浪费一分钱在秀林看来那就是造孽呀！秀林能花钱买烟抽、买酒喝吗？这一辈子他没有什么嗜好，用他的话说，叫糖茶酒烟一尘不染，初中三年从 1957 年到 1960 年就这么熬过去了。

打出娘子关去

俗话说，山外有山天外有天，秀林从小学、初中到高中，一路过关斩将比较顺利。秀林为考北师大拼搏的高中时期，仍然时时受家庭经济困难的困扰。进入高中还是交不起伙食费，为了能度过这三年，秀林真是掰着手指头花钱。高三是考大学的冲刺阶段，秀林全身心地投入了高考复习，这是最后的冲刺，是一个人一生的关键时刻。秀林复习得都有点神经质了，除了必要的吃饭、睡觉之外，就是复习，就连吃饭、走路也想的是功课，晚上做梦也梦的是考上大学，除了考大学，秀林脑子中再没有别的了。

接到了北师大的录取通知书，秀林还是不动声色地在生产队里干活，很多人不理解都考上大学了还干农村里的活，秀林告诉他们考上大学也是农民的儿子，以后寒暑假回来还是照样干活，将来参加了工作回来探家也是要干活的，不能忘本。

秀林在老同学的带领下来到了梦寐以求的北师大，真像红楼梦中的刘姥姥进了荣国府，他从临汾来到北师大校园，一切都是新鲜的，在这样的环境里学习生活五年太幸福了。

北师大是一个具有光荣传统的大学，在五四运动、“一二·九”运动中北师大都是很出名的，在学术上名气很大，在培养艰苦朴素、顽强拼搏的校风方面，该校也是名列前茅的。从入校一开始，秀林就深深地喜欢了这所大学，以成为该校一名学生而自豪，决心在这座大熔炉里锻炼自己、陶冶自己，使自己能成为对社会有用的人才。秀林毕业后，几十年的工作都受着北师大校风的影响，秀林太喜欢北师大了。大学毕业分配到东北，出差遇到小偷将秀林偷了个干净，丢了钱他不心疼，丢了粮票他也不心疼，他最心疼的是北师大的校徽，毕业时学校没有收回，秀林随身携带着，但被小偷偷走了。对于小偷来说他并不需要校徽，可对秀林来说丢了自己心爱的宝贝，他一辈子都遗憾。

秀林上的地理系也是阴错阳差。从秀林的具体特点来看，地质测量等课程不是他的强项，他不太喜欢这些实践性比较强的学科，他比较喜欢坐下来研究学问。但是说一千道一万转改专业是绝对办不到了，既然办不到那就既来之则安之，既安之则图之了。

地理系虽然不是自己喜欢的专业，但既然不可能改变，也就不再想了。无论将来干什么，学好总比学不好强，因此秀林就强迫自己喜欢这个专业。秀林最喜欢在阅览室上自习，一吃过晚饭就背上书包去阅览室占位置。考入北师大秀林极为兴奋，尤其是作为新生参观了图书馆，八层楼全是书，像一头牛进了菜园子不知该如何下口。秀林贪婪得读啊，学啊！第一学期秀林就考了个全优。

北京师范大学地理系六八届毕业照（前排左起第五人为张秀林）

北师大表面上看管得不怎么严，但实际上学生遵守纪律很自觉，一方面是素质高；另一方面是压力大，一入学就发了有关规定，比如升级制度是非常严格的。本来秀林想考研、想留校，但因为史无前例的“文化大革命”而无法实现，秀林在这个洪流中被分配到基层厂矿接受再教育，秀林的学校生活，十七年的学习生涯也就这么结束了，这十七年不光学习了知识，还提高了素质，秀林经常怀念自己的学校生活。

1969 年张秀林大学毕业后路过北京

摘编自《书山学海秀于林一位教授的拼搏之路》，中国经济出版社 1998 年 9 月出版。

媒　体　卷

编者按：斯人已去兮，何日君再来？张师虽千古，其神秀于林！张教授的事迹生前多被报道，逝世后其影响更广为人知，在华科师生乃至社会范围进一步得到彰显。现收录张教授逝世后《中国教育报》《中国煤炭报》《教育旬刊》等知名媒体刊录的事迹文章，同时从《有志青年》杂志、《华科名师》访谈等校内媒体中整理出有关其生前的报道，一并辑录成卷。愿逝者平凡而伟大的一生化为一盏明灯，激励后辈前行。

平凡的一生　无悔的誓言

——追忆华北科技学院思政教研部张秀林教授

刘冬梅　赵志强

“我牢牢记住我的两个誓言：大学毕业时的誓言——健康工作五十年和入党誓言——为共产主义事业贡献终生。现在还不够五十年，我要积极地锻炼身体，争取早日康复。”这是张秀林教授生前不止一次提到的人生誓言，直到生命的最后时刻，他仍对这个承诺念念不忘，希望康复后，继续回到三尺讲台，发挥他的光和热。

他是同事眼中的“古道热肠”；学生眼中的“仁爱师长”。

张秀林在北京公主坟留念

一个典故　独特的课堂教学

“木秀于林，风必摧之；堆出于岸，流必湍之；行高于人，众必非之”。（三国·魏·李康《运命论》）张教授的教学不仅是用心的，而且是交心的。他喜欢用自己的名字“木秀于林”来做第一堂课和一次新的讲座的开场白，因地制宜地给学生“传道”，在拉近与学生距离的同时，使大家感悟到一个人是需要有理想、有追求、有超越自我的拼搏精神的。“优秀的人，往往会受到别人的非议和排挤，与其埋怨，不如实干。坚持想法，努力改正不足，让自己变得更优秀，别人自然会对你刮目相看”。

张教授讲的是很多人眼里枯燥教条的思想政治理论课，在一个学生认为“必修课选逃，选修课必逃”的“时代”，张教授却能把这门课讲成如同“星光大道”般地受欢迎，奥秘之一就是从现实生活中提取素材充实到教学中，使教学充满了“人间烟火”。

张教授坚持每天看《新闻联播》，随身带着小本子，把从电视、广播等媒体上吸收的素材随时记到本子上。“张教授在课堂上对各种统计数据总是信手拈来，各种时政要闻总是那么恰当地成了他的课堂案例。他的课堂中时而掌声如雷，时而寂静无声，时而啧啧不断，时而唏嘘不已……整个课堂生机勃勃，让人流连忘返！”同事汪永芝老师这样评价。

“张教授讲课非常生动，每次开讲之前，都会介绍一下历史上的今天，既增加了知识又吸引了我们的注意力。课后，对于大家提问的问题，他都是耐心地予以解答，悉心教导。一句话，这个老爷子很可爱，这门课程很有趣！”学生们的评价出奇地一致。

张教授潜心钻研的激情澎湃式讲课风格深受学生喜爱，他的讲稿更是学校一绝。在这个电子时代，似乎很少有人手写教案了，打印的讲稿成为教师的“标配”。张教授的教案，全部是一笔一画手工而成，一页页工工整整，一年年添添补补，集腋成裘，堪称一件件“艺术品”。金安辉老师开玩笑说："将来就看学校领导和北京潘家园商贩谁下手快了，因为那讲稿绝对是该陈列在展览馆玻璃罩内的，在柔和的灯光下小心照射着，供后人观瞻。"

桃李不言，下自成蹊。张教授对学生的"无声"教育，影响了一批又一批人。他去世时，很多人在微信上自发悼念，一些校友得知消息，纷纷赶来。张教授教过的学生，当年只是"蹭课"的学生，还有受到他点拨的年轻老师……大家从四面八方会聚，只为看张教授最后一眼，送他最后一程。

"木秀于林"，张教授用自己的努力赢得了大家的敬意。

两个誓言　一生不变的承诺

2008 年 7 月，65 岁的张秀林教授正式退休。

然而，他自己说还要继续坚持干十年，因为当初在北京师范大学上学时曾经面向党旗庄严宣誓，一定要为祖国、为党奉献五十年。张教授用自己的行动践行了母校"学为人师，行为世范"的校训精神。

到了退休年龄的张教授只"告老"、不"还乡"，他把每一天都安排得满满的：不是在上课，就是在上课的路上；不是在讲课，就是在听课。即便已是 70 岁高龄，他仍然以饱满的精神状态奋战在教学一线，每天四至八节课，风雨无阻、无怨无悔。他因病做完手术后不久，恰逢学校举行建校 30 周年纪念活动，身体还未完全康复的张教授，仍坚持要和学校一起庆祝，他说："我要尽快恢复身体，尽快回到三尺讲台，兑现我的誓言，为学校再继续发挥我的光和热。"

有个大一新生曾说过，听张教授的课程，既可以学习理论知识，更可以向他学习做人，张教授是他的偶像，是他心目中最敬佩的榜样。

"肃立门前，迎接学生，是我对学生和教学的尊重"。执教近五十年来，每堂课张教授都提前五分钟"毕恭毕敬"地站在教室门口，面带微笑地迎接每一位来上课的学生。

铃声响后，他快步走上讲台，环视教室后，面带微笑，随着一句

“同学们好”，他的腰深深地弯了下去。接下来，从早已褪色的布包里拿出手机，当着同学们的面关掉手机。“要求别人做到的事，自己必须做到”，这句话总是挂在他的嘴上。严于律己是他对自己始终如一的要求。

张教授是思想政治理论课教学的“顶梁柱”，退休前后都是如此。

为了能有一个强健的身体，他十几年如一日，每天下班后，从学校回到家里，近五公里的路程，从来都是步行，很少坐车，除非遇到刮风下雨等天气原因。如此坚持一天、一个月、几个月都很容易，而张教授却十几年都这样坚持着，天天如此、月月如此、年年如此，就是为了他自己的那份誓言。正是因为有这样一种好习惯，才练就了张教授一副好体格，为他承担繁重的教学工作铸造了“本钱”。

如沐春风　众人给予的评价

在众人眼中，张教授没有任何不良爱好，抽烟、喝酒、赌博，与他都不沾边；闲聊神侃、呼朋唤友、宝马神驹、美食大餐、高档服装，似乎也不是他的追求。

在思想政治理论课堂上，却可以看到他激情四溢演讲式的讲课；课下，会看到他轻声慢语地和年轻教师反馈听课后的意见和建议；在路上，有时会看到他悄然走过的身影，发现路边有垃圾，他会顺手捡起，放进旁边的垃圾箱。

他把自己的一生，奉献给他钟爱的教育事业；奉献给他热爱的这个社会；奉献给他喜爱的学生和同事。

张教授把教学当成他一生的事业，把学生当作他自己的孩子。他在课上说的第一句话就是：感谢同学们来上我的课。他像一个慈祥的爷爷那样经常叮嘱学生：一定要爱惜身体，要养成吃早饭的习惯，不要经常熬夜……

为了不耽误下午的课程，中午张教授都是随便吃点，吃完就在阳面的教室稍微眯一觉，为的就是节约时间，利用中午时间进一步备备课。

大家还经常能看到惜时如金的张教授，在听课的间隙伏在教师休息室的桌前，一边翻阅书籍和资料，一边认真地做着笔记。张教授对专业理论和教学教法的钻研上，从没有止步，而且还乐此不疲地与中青年教师分享他的教学心得，不吝对中青年教师的引领和帮助。

张教授呕心沥血、恪尽职守，像长辈关爱自己的子女一样关心关爱青年教师成长。作为学校督导，他经常听青年教师的课，每次都诚心诚意、毫无保留和耐心细致地进行传、帮、带。每次听课前他都会对被听课的教师说，“我是来学习来的，你不要紧张，正常讲就好”，然后坐在教室后面，认真听讲、记笔记，下课后跟年轻教师“探讨”。张晓东老师说：“他总是在肯定我们的优点之后，温和地指出某些缺点和不足，很容易让我们接受，给人一种‘如沐春风’的感觉，在波澜不惊中学到了很多东西。”

张教授经常讲：“只要对国家、对社会、对人民有利的，干什么都可以，”“与其埋怨，不如实干”。在工作面前，他从不叫苦喊累，每当有难以安排落实的课程，只要找到他，他都毫不犹豫地、愉快地答应下来，自己默默克服各种困难，争取做到最好。张教授还会主动请求把自己的课安排在晚上、周末等时间，为的是方便那些离家远的同事，虽然他当时已经 60 多岁了。

张教授常怀感恩之心，常为感恩之行，总是尽心尽力帮助他人、成全他人，这一切潜移默化地影响着家里的每一个人，形成了良好的家风。他的爱人没有工作，但他未向单位提出过任何照顾要求。在他生病期间，他把前来照料的儿子“赶”回单位去上班，“我这里你帮不上忙，但你离开了，你自己在单位的工作就会给其他人增添负担”“能自己克服的都要自己克服”，这是他对儿子的叮嘱。“父亲对得起家人，对得起学生，就是对不起自己”，这是他儿子的肺腑之言。

一套中山装，一双布鞋，一个若干年前“教代会”发的纪念拎袋，一个“老干妈”玻璃瓶水杯，一套越用越厚的手写教案，一个可以随时装在口袋里的小记事本，以及那密密麻麻的文字，还有那只不离手的铅笔头……那曾经跃动的旋律，在校园里已经永远地画上了休止符。

也许张教授在生命的最后时刻，还遗憾没能完成自己“健康工作五十年”的誓言，但在所有认识他的人看来，他倾注了全部心血从事教育事业，投入了全部的热情从事教学工作，他一辈子按照严的标准、保持实的作风，这个誓言已经完成了。对学生们“敬爱”的“课前五分钟”就是他为之奋斗的五十年，张教授用无数个“课前五分钟”为学生、为所有教育工作者树立了一个鲜活的榜样，也在人们心中树立了一座不朽的丰碑。

也许，只有墓志铭上那句“春蚕到死丝方尽，蜡炬成灰泪始干”，才能概括张秀林教授平凡而又无悔的一生。

摘自《中国教育报》2016 年 1 月 4 日

将此一生　化为一盏明灯

——追记华北科技学院人文社会科学学院教授张秀林

丰　硕

那位几十年如一日、在上课5分钟前守在教室门口迎接学生的教授去了。

那位几十年如一日、手写工工整整、删删改改教学笔记的教授去了。

那位几十年如一日、让人将周末和晚间课尽量排给自己的教授去了。

中年时期的张秀林教授

5分钟和50年

一双布鞋、一身中山装、一个手提袋、一年四季，这是大家心中的张秀林。

“我印象中，先生总是一身蓝色中山装，冬天在外面套一件蓝色棉袄，夏天则只穿件浅蓝色的短袖衬衫，他常挂在嘴边的话就是自己要健康工作50年。”张秀林的同事金安辉回忆说。

张秀林是华北科技学院人文社会科学学院教授，在学校主讲思想政治课，这是一门学生公认的枯燥课程，逃课的学生很多。但只要是张秀林讲的政治课，教室里永远坐满了人，有上课的、有选修的，也有因兴趣而来旁听的，学生们说，听他讲政治，就像听故事。

大家都记得，张秀林的“标志性5分钟”，每次在上课前的5分钟，他都会准时站在教室门口，静静地做着请进的动作，迎接每一位来听课的学生，几十年如一日。学生们受宠若惊，疾走就座，当铃声响起，他缓步走上讲台，关闭手机，开始他激情澎湃的一讲。

“张老师特别擅长把知识和生活联系起来，和时事联系起来，课堂内容丰富，我们收获良多。”

“张老师的课既有理论深度又真实生动，他讲起课来旁征博引，深入浅出，极其精彩。”

“这样的老师实在太难得了，每次讲课前他都会讲一下历史上的今天，把知识融会贯通。”听过他讲课的学生，都记得他的好。

2015 年 5 月 15 日，张秀林病逝，直到他生命中的最后一年，在身体状况稍好一点的情况下，他依旧坚持上课，三尺讲台，是他兑现承诺的阵地。

很多学生还记得，张秀林在课堂上用铿锵有力的声音为他们朗读《共产党宣言》，还记得他戴着老花镜一笔一画地写着板书，还记得他说要健康工作 50 年……

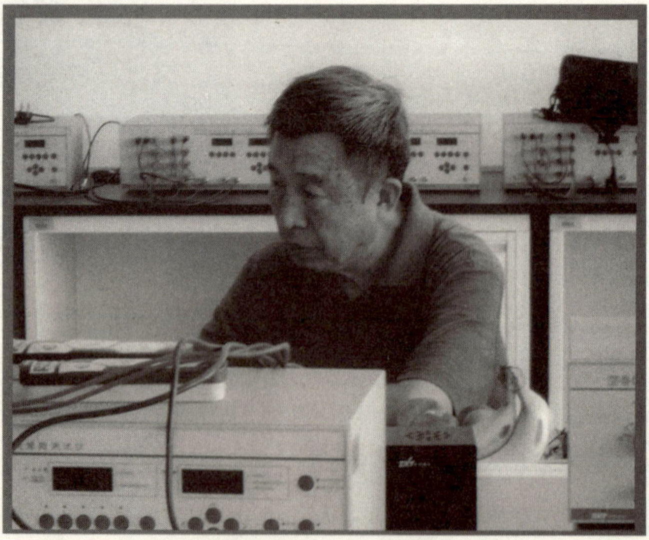

张秀林教授生前工作照

得知张秀林教授病逝的消息，大家从四面八方赶来，有远在千里之外的学生，有他课堂上的旁听生，有受过他点拨的教师，大家来送他，以自己的方式纪念他。“春蚕到死丝方尽，蜡炬成灰泪始干。”张秀林的次子张兵在追悼会上反复念这两句，并以此作为父亲的墓志铭，他觉得只有这两句话，才可以概括父亲的一生。

张秀林的长子张勇说：“父亲这辈子对得起家人，对得起学生，就是对不起他自己。他这一生，不抽烟、不喝酒，爱好就只是看看新闻，他把时间都用在了教学上。七十多岁的人，每天还上四到八节课，怎么劝也不听……”话里有伤感，也有无奈。

人生与心灵的导师

学高为师，身正为范。张秀林是学校的教学督导，负责给年轻教师授课时的指点和把关。

“以前我觉得，督导就是指点，最后变成指指点点。张老师彻底改变了我这种想法，他第一次来听我的课时，先是很客气地对我说，‘我来跟你学习学习’，然后规规矩矩地坐在后面，掏出小本子，边听边记，边记边点头，下课后笑眯眯地说了很多鼓励的话，非常真诚，让刚走上教师岗位的我顿时觉得这份职业如此崇高。”金安辉提起张秀林为他督导的课程，有着这样的回忆。

“一次张老师听我讲课后，针对很多细节跟我交流经验，具体到某一个授课环节的把握。有一次听课后，他递给我一张纸，上面工整地写着关于某个知识点的拓展资料，我看了之后很感动。”李文英是华北科技学院思想政治部的副教授，她说，张秀林对知识的严谨态度，让她日后受益匪浅。

日积月累的思考，与时俱进的知识更新，对学术前沿的追踪和把握，对岗位的坚持和责任，构成了张秀林的日常生活。

“听张老师的课，感受到的是他的人格魅力。对学生，他不仅是用心的，而且是交心的。”李文英说。

“张老师上课很有激情，总是将最有力量的信息传递给我们。”人文社会科学学院教授李培华说。

让人如沐春风，对自己却很苛刻，张秀林生活简朴，喝水用的杯子都是吃完老干妈辣椒酱留下的玻璃瓶，一年四季永远穿一双布鞋。常有人看到他中午简单吃几口饭就回去准备下午上课的讲稿，也常有人见他服下几片药后，又坚持站在讲台上，早过了退休年龄的他，始终眷恋着三尺讲台，他多年如一日步行往返于家与校园之间，坚持锻炼身体，为的是讲课时有更好的状态。

一片云推动另一片云

张秀林讲课时喜欢用自己的名字做开场白。三国时期李康的《运命论》里写道："木秀于林，风必摧之。"他常对同学们说："优秀的人往往会受到别人的非议和排挤，所以当大家遇到外界对自己的指责时，不应该感到失望和灰心，与其埋怨，不如实干，等到自己有一天经历风霜的洗礼后成为参天大树，别人就会刮目相看。"

"与其埋怨，不如实干"，是张秀林的座右铭。几十年来，没人听到他对工作、生活、身边的人抱怨过一句，只看到他勤勤恳恳、任劳任怨地忙碌于讲台的身影。他说："我一直搞政治理论研究，是唯物主义者，不相信来世，这一生，只要是对国家对社会有利的事，我干什么都可以。"

张勇说，父亲对他们的身教胜于言传，他很少用严厉的语言教育孩子，更多的是告诉他们，要踏实做人，勤奋做事，乐于奉献。"在父亲的心里，总有奉献两个字。"他说。

学校里有很多老师往返于北京市区与燕郊之间，几小时的车程，而学校的课常常要上到晚上 9 点多，很多老师往来不便。当时已经六十多岁的张秀林主动要求学校将周末课和晚间课尽量安排给自己，他说自己家离学院近，比较方便，由于他的奉献，很多家庭有了更多团聚的时间。

现在，只有厚厚的一沓手写的教学讲稿还记录着张秀林的辛苦与热爱，每一页都工工整整，每一页都有备用作为批改的留白，有些地方批注满了，还粘有备注的增补页。

张秀林曾说："教育是一片云推动另一片云，一棵树摇动另一棵树，一个灵魂召唤另一个灵魂。"他将教育事业视为一门艺术，他的教学笔记像一件件艺术品，传递着他教育的思想和理念。

1996年张秀林教授在新疆额尔齐斯河

斯人已去，精神永存。2015年6月30日，华北科技学院党委下发向张秀林同志学习的通知，学习他的爱岗敬业、无私奉献精神，随后组织了缅怀张秀林的活动，让师生铭记这位鞠躬尽瘁的师长。

一位学生在缅怀活动中回忆，他曾在一个冬日的正午遇到张秀林拎着包走进教室，便问道："张老师，您怎么还没回家？"张秀林乐呵呵地回答说："下午还有课，阳面的教室暖和，我在这里眯一会儿……"

摘自《中国煤炭报》2015年9月23日

坚守"5 分钟"

——张秀林教授的40 年教学情怀

肖隆平

如果像列车乘务员在车厢门口迎接乘客上车一样，教师站在教室门口迎接学生上课，一定会有另外一番效果的。

这是华北科技学院文法系思想政治教研室教授张秀林跟记者说的一句话。这位65 岁可敬的老教授坚持在门口迎接学生40 年了。

提前"5 分钟"

"讲台"上，左上方放着一只手表——并不名贵，甚至显得还有些破旧。左上方往中心靠近的位置上，放着的是一个橙色的、小小的保温杯，但是，课堂上的张秀林并不享受这种可以解渴的舒服。右手边是课本、教案（左手边有一些装着粉笔的粉笔盒）。

这是张秀林早早就摆放好了的。然后，他站在教室门口，等着学生们来上课。等到上课铃响了，张秀林才再次走进教室，站在讲台上，开始他的讲课。

张秀林对此解释说，这是他从北师大学来的。他说，他当初在北师大上学时，老师就是这么做的。

他告诉记者，"反正我这四十年都是这么做，五分钟前站在教室门口迎接学生，如果不在门口，就是出大事了，出车祸了（笑）。"

这个规矩张秀林在学期一开始就会跟学生讲清楚，"我五分钟前就站在（教室）门口，如果站不到那，你们再等一等，也许就是（在路上）出事了。”

为了说明这样做的好处，张秀林告诉记者，“你看那个列车乘务员，她（们）肯定是要在开车前站在那（车厢门），然后，车一过去，她（们）接着就转向，然后敬礼，目送着（火）车拐了弯才行。这多好！每个楼道里，五分钟前多安静，（要是）老师们（也）站在教室门口等着，这多正规。”

他的课不错

“我们都喜欢上张老师的课!”这是记者采访时，同学们异口同声说的一句话。

张秀林教授参加实验室评估工作（中间为张秀林）

安全工程专业 07 级 1 班班长王从超是这样评价张秀林的，张老师教课不照本宣科，他会旁征博引，会讲许多课本上没有且我们不知道的事情。比如，张老师一开始就会给我们讲的“历史上的今天”，这些都会吸引我们认真听讲。

6 月 17 日，这天下午有两节给安全工程专业大一（07 级）新生上的课。课一开始，张秀林就从 1900 年的 6 月 17 日，八国联军攻陷天津大沽炮台，到1967年的6月17日，我国成功爆炸第一颗氢弹，再到1998年的6月17日，国务院发出《关于进行第五次全国人口普查的通知》——他都如数家珍般地把“历史上的今天”一一传播给学生。

教学督导郭永吉给张秀林的课总结一点说，“在课堂讲课的过程中，（张秀林）非常严格地执行教学中的五个环节。一个是上堂课讲的内容与当堂的内容衔接，充分体现引入到科学的学性和逻辑性。引入新课的同时，给学生讲清楚，这一堂课的重点是什么，难点是什么，学生要掌握的是什么。最后这堂课讲完之后还要总结。这叫作教学中的五个环节，遵守（教学的）科学性、逻辑性和整个科学的发展规律，所以这一堂课讲得非常好。他每堂课都掌握这个规律。”

2007级安全工程专业的赵志研告诉记者，张老师讲课经常都说到嗓子发哑。带着一口浓重南方口音的2007级安全工程专业学生张炽均则告诉记者，张老师是一个很棒的老师，上课很投入，富有激情。已结课的2006级英语2班的姬瑞昆同学则告诉记者，张老师是最好的老师，上他的课，我们班逃课的人都少了。

作为学校的教学督导，其主要职责就是评估教师的教学水平。郭永吉告诉记者，“张秀林老师是我们学校的模范教师，是河北省的精品课主讲者。也是我们学校的名师，他多年来主讲我们学校的‘两课’主要课程，比如马克思主义基本原理、科学社会主义、中共党史等。他在教学当中体现了我们国家对于大学生的整个教育思想，教学中比较充分地体现了对学生进行马克思主义基本原理和科学社会主义，以及‘三个代表’和科学发展观的教育。”

姬瑞昆还给记者举了一个很有趣的故事，她说：“我们班有一个同学特别激动，她第一次上张老师的课，她当时就给家里打电话，给同学发短信，（告诉他们）这是她一生中遇到的最好的老师，激动得不得了。”

提起张秀林对课堂教学的认真，已经上大二的女生姬瑞昆，对张秀林老师的工作态度由衷敬佩，“张老师太认真了，他会告诉我们他给他老伴写过的情诗。”

姬瑞昆对此解释说，我觉得他人虽老，但心不老。有很多年轻的老师并不会说这些问题。有一次，张老师说到《金瓶梅》，其他老师就不会跟你提这些了，他还会不忘提醒我们就不要去看了。

郭永吉还说，如果教育界中像张秀林这样的老师能够达到 20% 以上，那么我们的教育质量就会大大提升。

50 年的誓言

65 岁的张秀林，7 月份正式退休。然而，张秀林说自己还要继续坚持干 10 年，因为他当初在北师大上学时就向党宣过誓，一定要为祖国、为党奉献 50 年。

张秀林告诉记者，他是 1963 年上的北师大，受北师大的校风影响很大。“学为人师，行为世范”的北师大校训，可以很好地概括出这个从北师大毕业出来教了 40 年书的教师。校党委宣传部办公室主任幕向斌，之前也是文法系的教师，他告诉记者说，跟张老师学了很多东西，是他很敬佩的一个老师。

张炽均这个大一男生告诉记者，在学校里面，就算学不了他教的一切，但仍可以学他做人。他觉得跟一个老师学东西，不一定要学老师教的书本知识。

不过，张秀林则对自己提出了更为严格的要求，“北师大出去的学生，名人虽然不多，但是在整个社会上的反响都不错，受北师大的影响，（我）觉得还是要扎扎实实地干。”

在中国经济出版社给张秀林出版的一本书《书山学海秀于林——一位教授的拼搏之路》中，有这么一节，“退休，退休，退而不休”——张秀林把埃及的老寿星阿塔瓦·穆萨——活了 150 岁仍在沙漠绿洲中打鱼为生，当作自己的目标。不过，他的目标是继续为祖国、为党奉献于教育事业，直到完成了他宣誓的那 50 年。

姬瑞昆告诉记者，张秀林曾经在课堂上跟他们讲，退休之后，他还会继续工作 10 年，就是让他去给学校扫厕所，都愿意。

核心对话

记者：学生说您的课有意思，您怎么看？

张秀林：因为我参加工作时比较大，毕业时就 25 岁了。那时候我上的是师范，完全是国家免费培养的，所以觉得毕业后要好好为国家效力。我觉得（自己）有个特点就是语调比较高，也有激情。

这门课（思想政治）比较枯燥，喜欢（上这门课的学生）的比例不大，但真有喜欢的，也有一部分不太喜欢，所以，除了讲基本原理以外，得融会贯通，也得联系实际，加上一些例子，语言也要比较生动，能有一点幽默感，把学生吸引过来。处理好这个度吧，既不要庸俗，也要让大家能喜欢听，能够潜移默化地教。所以举了些例子，每天我坚持看新闻，能够和当前的国内国际形势结合起来。

记者：对于课堂互动，您想过去尝试吗？

张秀林：互动，我也听过人家外教讲课，咱们学校也有外教。人家根本就和教材没多大关系，等于是两条道。咱的现状呢，学生拿着书，还要考试，基本知识还得讲。

所以我想，既不离开教材另搞一套，也不拘泥于教材，那就要把知识点讲到，再联系实际，这是一种方法。再就是课堂互动。但是有一个问题，就是讨论的方式，将来不知道怎么处理考试的问题。老师摆明自己的观点，学生也把自己的思想谈出来，这个效果还真好，因为（教书）就是要解决他们（学生）的思想问题。这个方法，我倒是想在将来没有考试压力时试试。

记者：那您觉得思想政治课处于一个什么样的地位？

张秀林：它在大学课程中，就是一个最基础的理论课，各个专业都开这门课。同时，它也是个大工程，“两课”主阵地，这只算其中一方面，还有辅导员、团委。所以，教育方面，重视只是一方面，但是改变很重要，应该强调怎么把思想政治融入实践中去，联系实际。重视青年人的思想政治教育！

记者：您对大学生素质教育的看法？

张秀林：我觉得，大学生素质教育到了不抓不行、非抓不可的地步。有一本杂志叫《有志青年》，转载了一篇文章，一个中国台湾大学教授的文章，我看了很有启发。那个学校管理方面的工作做得很少，地上有废纸，马上就有人捡。整个学校的素质很高，到什么程度呢？招工的时候，整个企业都是这个学校的学生。

记者：如何实现呢？

张秀林：既要强调艰苦朴素，也不要搞成以前那个空头政治那一套，我觉得这存在两个问题。一个是整个社会轻视政治，不重视精神文明建设，突出“钱”的问题，尽管在扭转，但是一旦滑了坡就很难。再一个就是青少年教育的引导方向问题，不要引导到“钱”的问题上，要多学一些外国的先进思想。

摘自《教育旬刊》2008 年 7 月

为华科的光荣事业继续发挥光和热

——建校三十周年时张秀林教授的祝福

吴世兰

在华北科技学院建校30周年之际，《有志青年》杂志社的记者有幸采访到数位深受广大师生爱戴和尊重的教学名师，他们治学严谨、造诣深厚、关爱学生，被称为学生的良师、教师的益友。他们在教育战线上辛勤耕耘一辈子，无怨无悔，现虽年逾古稀，但仍以饱满的热情，激扬向上的精神面貌迎接教育教学改革的新挑战！

张秀林教授祝福语：在这金黄色的、收获的秋天，迎来了我们华科三十年华诞，我非常激动，用两句话来形容吧，“忆往昔峥嵘岁月稠，看未来无限风光在险峰。”我是教师，我和大家一样，我们华科人记住八个大字：自立立人，兴安安国。今年春天礼拜五下午还在上课，礼拜六检查身体不适，做一个大手术，现在手术半年了，我牢牢记住我的两大誓言——大学毕业的誓言：健康工作五十年。现在还不够五十年，所以我现在要积极地锻炼身体，早日恢复。这个誓言如果兑现之后，还有一个入党的誓言：为共产主义事业贡献终生。所以我要尽快地恢复身体，恢复之后，再回到三尺讲台，为我们华科的光荣事业再继续发挥我的光和热。

摘自《有志青年》杂志《建校30周年专刊》2014年10月

《华科名师》访谈：张秀林

朱　超

特约嘉宾： 张秀林

主 持 人： 刘　凯

画 外 音： 王　强

摄　　制： 刘建龙　李景阳　周　宁

监　　制： 朱　超

开场白： 观众朋友们，大家好！欢迎收看今天的《华科名师》节目，今天我们节目请到的嘉宾是我校著名的一位教授。他总是（穿）一身布衣，行走在教育圣堂；他总是（提）一件布袋，装满着课堂知识；他躬耕于杏坛，却俯仰天地之间——他就是我校著名教授张秀林老师。

画外音： 他是华科讲坛上年纪最大的老师，学识丰富、讲课生动；他深受学生的尊敬和喜爱，为人师表、坚守诺言；他是华科老师的楷模和标杆——他就是本期《华科名师》的主人公张秀林教授。

刘： 张老师，你好！非常高兴今天您能接受我们的采访。我知道您的经历十分的丰富，有过在厂矿工作的经验，也有过教育、教学的经验，我们好多同学也非常想知道您过往的一些经历，在这里您能不能给大家介绍一下？

张： 好的，我非常高兴感谢大家给我这个机会和大家交流。我现在年事已高，年近七旬，但是我还有一颗年轻的、火热的心。我现在可以说是度过了青春的晚年，又步入了晚年的青春。说到经历，我就是比大家早生了几年。我是40后，1943年出生，然后（读）小学，中学，大学。我是1963年进入北京师范大学学习的，（读的是）地理系，五年的学习，五年的本科，但是因为“文化大革命”延长了半年，所以上了五年半学。毕业分配到矿山。我在矿山短了说待了25年，长了说呆了四五十年时间。

刘：您（待过的）那个矿山是在？

张：我毕业分配到东北，在辽宁抚顺红头山铜矿，在那儿工作了两年。因为我的家庭很特殊，我的老伴儿，当时叫爱人嘛，是农村的，没有工作，出不来，所以领导照顾我，从辽宁回到了山西。山西（的矿）叫中条山有色金属公司，也是大的铜矿，（我）待了二十二年半。在矿山一开始就是搞宣传，我虽然是地理系毕业的，因为当时很特殊，“文化大革命”。我当时上学抱的目的也是两个：一个是考研，一个是进部队。但是因为身体原因，没能当上兵。所以，去了矿山以后，就阴差阳错地进了宣传部，进了教育科，讲马列。虽然在企业一直讲马列，先后当了教育科长，宣传部副部长，宣传部部长，一直站讲台。然后到1992年的9月，到了有色金属管理干部学院，就是以前的冶金学院。1998年，调到了华北科技学院。到现在讲了44年课了。这是我的经历。

画外音：张秀林，生于1943年，教授职称，曾在国有厂矿、企业长期从事宣传教育工作。从2002年开始，张秀林便在华科任教至今。

刘：包括以前在厂矿工作，你一直在讲台上？

张：站了44年讲台。

刘：您这属于是跨专业（就业）？

张：对，跨专业。现在，年轻朋友毕业以后工作，压力比较大；找工作压力也比较大，能不能干上专业很难说，就是干上专业也得不停地淬炼。所以，现在的政策应该是“先就业，后择业”。虽然干不了专业，但是你学的这个专业对你的工作肯定会有很大用处，无论在哪个行业。所以，干不上专业，你现在也要好好学习，我有这个体会。我是教马列的，原来学的是地理，但是比如说，讲这个20国集团，欧盟27

国，就是我的强项。而且，因为艺不压身，所以，那个高考的地理复习班，我都上过，像地理、自然地理、旅游地理，我都上过。所以艺不压身，没有不能学的知识。所以，我很希望年轻朋友，尽管你将来可能干不了本专业，也得好好学。总之，有用处。

刘：艺不压身。

张：所以，我虽然学的是地理专业，但是讲马列讲了44年。

刘：好多同学都非常喜欢听您的课，对您非常喜爱，从刚才您走过来的时候，一路上好多同学跟您打招呼就可以看出来。您现在是退休了吗？

张：我是按照国家正常的退休（年龄）60岁退休的。对我来说，应该是2003年退休；但是具有正教授职称，可以延长5年，所以我延长了5年，到2008年退休的。退休后还继续讲课，能干到70岁吧。我今年69岁，对，再有一个多月就是69岁生日。

画外音：张秀林，本应在2003年退休，凭借教授职称，延迟退休5年。已经年近七旬的他，之所以坚守岗位，只因当初的一句诺言……

刘：今天先祝您：生日快乐！

张：谢谢！

刘：是这样，您看别的教师啊，教授啊，退了休以后都在家里颐养天年了，带带孩子啊，或者是出去旅旅游啊，有时候周末出去钓钓鱼、打打牌。您已经正式退休也是好几年了吧？

张：退休4年了。

刘：为什么现在还要继续坚持上课，依然活跃在咱们学校的教学一线上？

张：因为我不能够违背自己的誓言。这个人一生啊，有一个重要时刻。你说什么东西最值钱？有人说，黄金最值钱。甚至有人说，最值钱的是一块金子，比一块金子更值钱的是两块金子。那就是拜金主义。什么最值钱？说金子最值钱。但是，中国人有句老话：一诺千金。所以说，诺最重要。诺就是誓言。我这一生宣过两次誓：一次是1968年毕业分配，当时在“文革”期间，我拿着《毛主席语录》本，对着主席像，向主席宣誓。誓词是什么？就在咱们（学校）的体育场（写着），那个看台的横幅，“每天锻炼一小时，健康工作五十年，幸福生活一辈子。”我们的誓词是中间的那句话，但是加了两个字，“为党健康生活五十年。”我是1968年参加工作的，50年要到2018年，到2018年才够50年。这是第一次宣誓。第二次宣誓是入党宣誓，1971年5月，其中有一句话是：为共产主义奋斗终生。所以，只要是到了2018年，我够了50年了；如果身体条件允许，还得继续干。

刘：还不能休息。

张：对！我觉得宣誓是非常神圣的，那一定得落实。所以，到现在，像打麻将这些（娱乐），我都不会，我还是觉得力所能及干些工作显得更容易。

刘：还是要上课，还是要教学。

张：上课，也兼着督导，和年轻老师一块去做。

刘：您的精神也感染了咱们学校好多的年轻教师，大家也对您非常的尊敬，从跟着上课就能看出来，包括您去课堂听课的时候，年轻老师对您也是非常的尊敬。我也上过您好多的校选课，也有必修课，从您的课上学到很多的知识。很多上过您课的同学，都和我有一样的感受，就是感觉和其他教师上课不一样，能在轻松的氛围当中获得很多的知识。对此您怎么看？

张：我是觉得各种课都有特点，我们讲的马列课的特点，现在很多年轻朋友觉得太枯燥，甚至说少来这一套。这一个是年轻朋友的信仰问题，另一个是教师讲课的艺术问题。教师讲得很枯燥，大家不愿意听。我觉得马列课也是有血有肉的。所以，应该多参考一些资料，旁征博引，多举些实例，多举年轻朋友的思想，你把自己的思想加进去。所以，我们得参考很多东西，也得跟上形势。我有一个爱好就是你们新闻专业，我非常喜欢看新闻，每天三次的《新闻联播》，我都坚持看。我老伴儿和我也有代沟，虽然是相同年龄的代沟。你比如说，看文艺节目，我喜欢看《亮剑》，她喜欢看韩剧，矛盾很大。当然，现在生活水平比较高，好解决，有两台电视（就能解决）。但是，如果只有一台电视机的时候，到底看哪一条，看新闻，她也一天跟着我看新闻。所以，我觉得讲课内容必须丰富。在政治观点正确这个前提下，要补充很多的例子，这样大家就觉得比较生动。

刘：您上课是这样的，大家经常能听到哈哈大笑的声音。其他教师上课，不能说其他所有教师，有一部分教师像教思想政治、马列课的，（学生）就会昏昏欲睡。

张：我认为理论应该联系实际。比如说，像昨天5月7号，俄罗斯新总统（普京）就任，当然（他）原来担过两任；然后，法国萨科齐失败了，落选了。这都可以联系。另外，咱有两句话：古为今用，洋为中用。外国的，咱也借鉴一下；古代的事儿，咱也借鉴一下。所以，我每一次讲课，都要讲历史上的今天，把历史上发生的事儿讲一下，这样讲课能有血有肉，比较丰富。

刘：对。

张：理论要联系实际。比如说，就业问题，咱不能独立的说，你们每个同学都到西部去，不要在东部，不要到北京，应该实事求是，把你的强项发挥出来。你适合考研，你适合当公务员，你当士官也行，你当村干部也行，如果你北京去不了，西部也是个有发展前途的地方。所以，要实事求是。西部也非常不错。大家可能说你唱高调，你怎么不到西部？我申请过到西部，人家没调。我的爱人没有户口、没有工作，当时要到西部可以解决户口、解决工作。我跟人家写过信。后来我在有色金属（公司）时也到西北讲课。我说，我和你们这儿有缘分，就是青海西宁的矿上。我说我跟你们写过信，他说不知道是你啊，你自己来啊，来了就行。当时，有色金属到西部讲课，到西部交流都有。西部非常不错。所以希望年轻朋友，你自己适合干什么，你能当公务员更好，你能考上研究生也好，但是如果这些做不到，不妨到西部发挥自己的强项吧。然后锻炼一段时间，再提上来也是一种选择。比如说，胡锦涛，温家宝，全是甘肃来的。他们都是在西部锻炼（出来）的。温家宝曾经调到咱们燕郊，燕郊的五六地质队，现在的国土资源部。你看温家宝是从基层锻炼上来的。没有哪一个生下来就是说胡锦涛是主席专业，温家宝就是总理专业，都是从基层起来的。

刘：好多同学实际上现在说对去西部有一些顾忌，感觉西部穷乡僻壤，不管是社会条件也好，自然条件也好，都非常的恶劣，可能有一些误解。

张：这只是一些大学生的误解。比如说，咱那个焦距博，采矿专业的，他到西部六盘山，干得非常不错。

刘：主要是大家现在思想观念上不同于以前了，现在大家对金钱什么的都看得很重，比如外表的、虚荣的一些东西看得很重。比如说，好多同学看您上课拿的那个水杯挺破，手机挺破，然后手表挺破，用的布袋挺破。然后，（大家）都挺纳闷：这么大一个教授，为什么还要这么简朴？你能不能给大家说说为什么还这么简朴？

张：生活上，各人有各人的想法。在力所能及的情况下，希望过得好一点，这个无可厚非。但是对我来说，我心里边舒服就行。生活上是一回事儿，工作上是另一回事儿。工作上，包括上学期间，我都不服别人，都想比别人更好。在生活上，我不比。我觉得咱们国家，经济方面还不是很发达，对一个人来说，生活标准如果太高了，恐怕精神方面可能就差一点。所以，我就按照雷锋说的，在工作上，要向积极性最高的同志看齐，在生活上，要向水平最低的同志看齐。工作上、生活上过得去就行。而且，现在好多人生活还不富裕。

刘：实际上，现在不管是校园里也好，还是社会上也好，对这个生活水平的看法有不同的地方，就像你一样，认为只要能满足自己的需要就行，不追求名车、名牌等。

张：我觉得钱来之不易，所以钱不能随便花。很多人以为外国人就是纸醉金迷，实际上外国人不缺心眼。比如说，人们崇拜日本的松下公司，松下幸之助，他一周到公司上班三天，他是自己挣来的钱，他还出去盘算。而且对每个人来说，今后都难说有什么不好的事儿需要用钱，所以千万不要把钱浪费掉。

刘：所以说，美国的华人过得就比美国人好。我知道您上课有很多的习惯，比如说提前到教室，要把讲桌摆得特别整齐。有一个习惯大家的感受非常深，就是你每次提前五分钟到教室门口去迎候大家，可能很多同学觉得您一个大教授、老教授，能准时给大家上课已经不错了，为什么还要提前到教室门口等候呢？

张：教室门口等候大家是我的习惯，还准备坚持下去。您看，咱这个杯子（上写着）“自立立人，兴安安国”，这是华科的校训。我是北师大毕业的，北师大校训是“学为人师，行为世范”，要求学生做个好老师，我们北师大当时就要求学生将来毕业当老师，一定要提前五分钟站在教室门口等学生，迎接学生来。

刘：学校就这么要求吗？

张：对，学校就是这么要求，要求你将来要做个好老师。所以，我就按照当年北师大的要求这么做了，而且这么坚持下来了。坚持也是为了尊重（学生），你能来听课，自己表示感谢，站在门口。

刘：很多同学对您提前五分钟等在教室门口，刚开始还感觉不可思议，后来感到非常温暖，再后来就是尊重，我们代表学校的同学感谢你。

张：谢谢！

刘：很多同学在听了您的讲座之后，非常佩服您，尤其是对您的“为党工作五十年”的誓词，都记忆十分的深刻。很多老师和同学都说现在的80后、90后没有信仰，都没有像您一样坚定的理想信念，对这个问题，您怎么看？

张：80后、90后，我觉得总体上是非常好的。比如说，大学生典型，我从来有了解。最近出了一个典型，是我老家的，山西临汾孟佩杰，有名的中国人，那是个大学生。但是因为受不良风气的影响，有个别的人可能思想也有问题，也出过不好的典型，比如说马加爵，让我们大学生身败名裂。但是，总体来说，还是不错的。你看，上面我接触的很多学生非常不错，咱们文法学院，就有一位女同学，当时毕业后就毅然决然到新疆去工作了。总之，大体上都非常不错。希望80后、90后的同学，能够向好的学习；对那个不好的，想办法克服。因为人在这个世界上，总会留下一些痕迹的，所以过去的话，比如说，“人过留名，雁过留声”“水往低处流，人往高处走”，我认为还是有重要的借鉴意义的。所以，希望80后、90后学好，而且将来给国家做出贡献。因为国家要靠大家来建设。我觉得80后、90后还是大有希望的。一代更比一代强，肯定会超过我们的。

刘：您是对80后、90后充满了信心。

张：充满了信心。

刘：非常感谢张老师今天接受我们的专访，希望以后有机会我们能够再坐到一块儿交流思想、交流感情。

张：我也很希望和年轻朋友交流。

刘：谢谢！

张：谢谢！

结束语：好，观众朋友们，今天的节目到这里就要结束了，在这里让我们再一次感谢张老师！也希望张老师能够在以后的教育教学工作中培育出更多的硕果，希望张老师能够完成“为党工作五十年，为共产主义奋斗终生”的这样的理想和信念。最后祝愿他老人家身体健康，万事如意！

（根据华北科技学院电视新闻视频整理）

追　忆　卷

编者按：教授离世噩耗传出，闻者皆断肝肠。因索其事迹，唯见生前亲朋哀之，同事故旧念之，后辈学子忆之，偶见网络悼之者亦甚众。众人所撰追思文字，肺腑之情溢于其中，情深意切间，一平凡而伟岸之老者形象跃然而出，编者阅之动容。略选亲情、袍泽、桃李、网络等诸篇恳切之言辑上，以慰哀思。

亲情篇

回忆父亲二三事

张　勇

我的父亲张秀林于2015年5月15日永远离开了我们。父亲的一生是勤俭、辛劳的一生，也是奋斗、高效的一生，更是淡泊名利、教书育人的一生。父亲走了，留给我的是一笔巨大的精神财富。

张秀林长子张勇老师为师生讲述张教授事迹

勤俭、辛劳的一生

我的父亲张秀林生于1943年的抗日战争后期，祖父常年有病，家里一贫如洗，祖父临去世前给父亲留下了在当时堪称巨额的外债。父亲生命的前二十年从没有吃过饱饭，1958 年还因营养极度缺乏患胸膜炎而休学（当年已有特效药但实在打不起针）。中学时更因交不起每月 3 元钱的伙食费而几乎两次辍学，在班主任老师多次动员之下并托人做祖父母的思想工作后，撤回了退学申请书，勉强走完了中学的求学岁月。但在高考志愿的填报上，无论谁劝，父亲都不为所动，坚持报了北京师范大学。因为师范类院校当年免交学费，而且吃饭、住宿费一律由国家支付。以他的成绩完全可以报考清华大学，但他为了再也不给家里增加负担，执意报考全国师范大学的龙头高校——他心目中的北师大。家庭的困境养成了他勤俭、不浪费的习惯，他把这一习惯发扬光大并伴随他的一生。

年轻时，他有一句口头禅——烟酒糖茶，一尘不染。他说到做到。他这一辈子，几乎没有任何爱好，从不娱乐和旅游，20 世纪 90 年代中期，前国家经贸委（现国资委）在全国范围内培训国有大中型企业的各类管理干部，时有公派至国有企业去讲课的任务。授课之余，国企也盛情邀请他就近到本地风景区转转，他基本都谢绝了。有几次例外，记忆中都是在寸草不生的边疆边境地带，是因为他热爱边疆地理。如在中蒙边境的戈壁苦寒地带，他答应了就近看一看我国的界碑；在中俄边境，他应当地企业之邀，到我国唯一流入北冰洋的额尔齐斯河源去看了看；在宁夏的沙坡头，他请求体验一下沙漠，而二十多年前那时候的沙坡头还不是什么名胜风景区；在甘肃，课余他到黄河滩的荒地里去转，遇到了黑风暴，情急之下他紧抱附近唯一的一棵枯树，捡了一条命。其他地方他都一概谢绝企业的邀请。他过着苦行僧似的生活。没有任何娱乐，吃喝用度极其简单，从来没有任何讲究。一次，他回到几十年前的老单位，原中国有色金属工业总公司下属的山西中条山有色集团公司去办事，当年他任部长时的党委宣传部老部下们私下里请他吃饭。点菜时他点的是花生米和醋熘土豆丝。同事们开玩笑说："你还是别点了，想不到几十年了，我们跟着你连开个荤的机会都没有。"

在校园里，他“有名”的一个地方是他的穿着。从来朴实无华，甚至寒酸过度。提着一个破旧的手提包；喝水用的水杯是装老干妈辣椒酱的玻璃瓶；给他买的新衣他从来不穿，每年都压了箱底。理由是新衣服不舒服。我对这点颇有微词，但他不为所动。去世前几年，他对我们兄弟两个下了“命令”，不要再给他买衣服，现有的穿穿就行。他一生不穿皮鞋、不系皮带。有时他又会穿着类似于军队以前用过的胶鞋，让人觉得不可思议。他说：“你们这一代不会理解的，我二十年吃了上顿没下顿，三年自然灾害的日子你们没有经历过，是不可能明白的。”

奋斗、高效的一生

父亲的座右铭是“书山有路勤为径，学海无涯苦作舟”。他高小毕业后，应该报考公社（现在的乡镇）的初级中学，但他心目中的中学应该是省重点中学。虽然按规定是不能跨县报考中学的，但父亲一生都秉承着奋斗不息的信念，小学刚毕业的他执意走了五十华里夜路，到当时晋南行署的驻地临汾，去报考省重点中学、晋南 29 个县各中学的头把交椅——临汾一中。报名时他的执着感动了工作人员，特许他报名。这次考上临汾一中使这五十华里的路连续走了六年，因为当时没有公共汽车，也没钱买自行车，只能步行。途中因没有钱交汾河上的摆渡船费（一次 2 分钱），他每周都要多绕四里地，通过远处的桥过河。艰苦的生活，从没打消他求学的念头。他小学就名列前茅，认定上学就要上名牌，甚至在病休那半年和平时在地里干农活时也没有放下书本。病休半年结束回到班里还有两天就要期末考试了，学校根据规定要求他留级到下一年级去读，但他坚持跟班读，校长提出如果你每门课都能考 90 分以上则可以考虑不留级，这样别人也就没得说的。几天后让人瞠目的是他又考了个全年级第一名而且每门课都在 95 分以上。

父亲看电视只看《新闻联播》和《亮剑》之类战争题材的影片，娱乐片、生活片他从来不看，他几乎把所有的精力都放在教学上了。七十高龄时，每天还要上四到八节课，家里无人能劝得动他。他的偶像是周恩来，鞠躬尽瘁，死而后已。他一生追求高效率，国际公认日本人的效率高，于是他一生有个信念，要和有众多过劳死的日本人比效率。中国经济出版社二十年前为他出版的自转《书山学海秀于林》里，有很多这样的事例。其中第三章的题目就叫“我就不服日本人”。他认为日本人能办到的，中国人应该能办到；日本人办不到的，中国人经过努力也应该能够办到。终其一生，他退休后坚持不下讲台，固然有挚爱三尺讲台的原因，但不排除和日本人的高效率较了一辈子劲的这个事由。

淡泊名利、教书育人的一生

1998年10月，伴随着席卷全国的高校合并风和十个工业部的撤销，三百多所中央部属高校或合并、或改变隶属关系。当年10月，冶金和有色金属工业系统的原有色金属管理干部学院并入了同在北京东燕郊开发区的华北矿业高等专科学校（隶属煤炭工业系统，2002年升格为本科院校，改名华北科技学院）。正式合并前，原华北矿专领导逐一征求原有色干院处级干部的具体意愿，原则是所有原有色干院的处级干部保留原职或平调到其他处级岗位。唯有父亲，当征求他的意愿时，他要求不再任党办主任兼社科部主任的处长职务，而且请求不再保留正处级岗位，要去系里当专职教师，从事思政教育的老本行。校领导问其原因，他回答：我是一名教授，教书育人是我的理想，是我一生最喜欢做的事情。父亲虽然一辈子没离开过讲台，但自认为专职教学工作才是自己真正的渴求。当时的校领导大受感动。于是他成了唯一一位主动卸下处级岗位的干部。得知此事，前基础部主任葛正洪老师诚恳地对父亲说，“卸下处级干部的担子而专职教学也是我的夙愿，可是真正敢于迈出这一步的却只有你，你是说到做到了。”主动辞职一事，有些人说他“呆”，他听说后就说了一句话：每个我曾工作过的单位都有人说我呆。你说我是书呆子，可我觉得我呆得还不够。

到系里当普通教师后，他如鱼得水，多少年的愿望终于实现了，可以一门心思从事自己喜爱的教学工作。之后的十七年，他承担了大量教学工作，无论是本职的课堂，还是义务的党课、团课、讲座。他都兢兢业业、认真对待每一节课，认真对待每一个学生。他酷爱三尺讲台，在重病手术之后的一年里，他已然不能上课，但仍每天拖着病躯奔波于校园的三个地方：在图书馆期刊室看历史类期刊，在离退办书报室看报纸，这我都是知道的，但让我没想到的是他每天中午趁各教室没人的机会，选一处向阳的教室，靠窗读书一个小时。还是因为我的一个大一学生会干部在班级 QQ 群发的照片，说一个老爷爷中午在空无一人的教室里读书，学生会搞活动用教室已经碰到他几次了，很让人感到温馨。看到照片中的他我很震惊，问他为什么这样，他说虽然不能再上课了，但是我喜欢教室，不愿意离开教室。他的一生，学生们多年来在百度华科吧里的评价是对他一生最好的诠释。

父亲一生时时教育我们，日本军国主义是他的最恨，但日本人也有两样值得学习的地方：一是高效率；二是日本社会中普遍流行的人生信念：每个人都不应该给别人添麻烦。他是这么说的，也是这样教育子孙后代的，更是这样要求自己的。去世前半个月，他自知将不久于人世，着重交代两个儿子：我的病是我的事，没有治好不能怪医院和医生。言外之意，人走后家属不要找医院和医生的麻烦。2015 年5 月 15 日凌晨，他安详地辞世。事起突然，又近周末。家属未来得及通知任何亲朋好友。也是因为他生前郑重交代：丧事从简，不刻意通知任何人，包括多年前的老朋友、老同事们，他要求都不再通知了，不要使大家徒增挂念。然而，两天之后，17 日上午（周日）的追悼会上，突然来了大量学生，有几位甚至是从外地赶来的。建工学院、人文社科学院等院部的在校生，管理学院的旅游、营销、国贸等专业的毕业生们自发地分别送了花圈。人文社科学院的毕业生赵盼盼同学和父亲是忘年交，她 16 日晚得到消息，泣不成声，17 日午夜从广州乘飞机赶到北京已是凌晨，直奔通州区殡仪馆，见了老师最后一面。管理学院的毕业生黄国军同学在深圳中断出差，赶回北京……因事先没有考虑到有学生要来，家属只请求安排一辆大巴车供老师们自愿乘坐。得到消息的学生聚集在校门口，有的拦教师们的私家车，有的打车到殡仪馆。学校也高度重视，四位先后主管过教学的校领导集体出席了父亲的追悼会。

“春蚕到死丝方尽，蜡炬成灰泪始干”。我们兄弟两人最后把它刻在父亲的墓碑后方，是因为这句人尽皆知的诗句是他的最爱和人生的追求，更是他一生的真实写照。

（作者张勇，张秀林长子，系华北科技学院教师）

做一辈子好老师

张　兵

父亲是华北科技学院的一名思政课教师，父亲虽然离开我们了，但他对教学的热爱、治学的严谨、为人的谦恭、品德的高尚和生活的简朴等精神却永远激励着我们，是我们取之不尽、用之不竭的精神财富。

每个人都不应该给别人添麻烦

父亲常常说：每个人都不应该给别人添麻烦。他是这么说的，也是这样教育学生和子孙后代的，更是这样要求自己的。

父亲是一名教授，在1998年主动辞去行政职务之前也当过多年的处级干部，但他两袖清风，从来不贪、不占。多年保持节俭的生活作风，日子虽清贫，却赢得了大家的敬重。

父亲不愿给别人添麻烦，心中却总是想着怎么帮助别人。有一件事让大家很受感动，那就是父亲总是主动请求把晚课、周末的课等别人不想上的时间段安排给自己。起因是这样的：由于有一些老师家住北京，来回学校一次光路上的时间就得三四个小时；而由于学校教学资源的限制，很多时候要安排晚课（最晚的课晚上九点半下课），甚至要安排在周六上选修课。对于这些“跨省”上班族，尤其是女老师来说，往往苦不堪言。得知这一情况后，父亲不顾六十多岁的高龄，主动向学校提出可以尽量把晚课和周末的课安排给他，因为他就住在学校家属区，离学校近，自己上的晚课多了，别人就可以早点儿回家了；自己上了周末的课，别人就可以跟家人好好团聚、欢度周末了。

父亲是学校第一届教学名师、文科督导组组长，但他从不盛气凌人，每次听课时候，都会在上课前对被听课的老师说："我是来学习来了，你不要紧张，正常讲就好。"然后坐在教室后面，认真听讲、仔细记笔记，在下课后和青年教师"探讨"。他总是在肯定青年老师的优点之后，温和地指出其某些缺点和不足，很容易让人接受，给人一种"如沐春风"的感觉，在波澜不惊中学到了很多东西。对于学生他也是相当尊重，每次上课，他都在课前五分钟提前到教室，站在教室门口，做着"请进"的手势，"迎接"学生前来上课。每次期末考试完，除了上交学校的学生成绩单，他还自己小心翼翼留下一份。当年的成绩单都是手写的，老师们一人几门课，至少十几页成绩单，抄来抄去，任谁都会心生厌烦，但父亲却总不声不响，多抄一份，说是留个纪念。

与其埋怨，不如实干

"与其埋怨，不如实干"，父亲也经常这么说。我们从未在任何场合看见或听见父亲对工作、对生活、对同事、对学生的任何怨怼之辞，只是看见他勤勤恳恳、任劳任怨的忙碌于讲台和课堂之间，默默地奉献着、指导着、教育着学生，这既是父亲的教学态度，也是他的教学艺术，在潜移默化中带给我们许多教育和启迪。

让我们印象最深刻的是父亲的教案。在这个电子时代，打印稿成为教师的"标配"，除了签名，似乎已经很少有人手写教案和其他文件了。但是父亲的教案，一直都是手写的，不管教案有多长，每一页写的都是那么工整、细致，并且在旁边留有空白，以便于随时增补内容。而当增改的部分过多导致页面"混乱"的时候，父亲会重新写一份教案，展现在我们面前的就又是一份工整、细致的"艺术品"了。每次看到父亲的教案，除了内容上的学习，视觉上的享受，更多的是从父亲身上看到的那份实干精神和责任。

父亲还有一个令人称道的好习惯，就是一天 24 小时带着自制笔记本，无论看新闻联播、走路坐车、听年轻人的课，凡是对上课有用的，都认真记下。

父亲讲课全身心投入，上讲台犹如上战场一般，满怀激情、旁征博引、深入浅出。在教学内容上，尽可能把理论与实践结合起来，他非常注意从现实生活中提取素材充实到教学中去，使教学充满人间烟火，充满人情味，学生喜欢，因为贴近生活，贴近学生；在教学过程中，充满激情，可以说是激情四射。他上课不用话筒，但比用话筒的音量都高。这样充满感情的讲授，特别容易感染学生、影响学生。在讲台上，父亲神采奕奕、声音洪亮，课讲的极其精彩，深深地吸引和打动了听课的学生。父亲是老教师，阅历丰富、积累深厚，只有如此阅历和功底的老师才能将思政课讲的如此出彩和富有感染力。过去由于思政课教师数量不足，有些课很难排下去，这时，只要找到父亲，跟他老人家一说，他绝不会有二话，总会毫不犹豫愉快地答应下来，而且自己默默地克服各种困难。如此日复一日，年复一年，每个学年，父亲都承担着极为繁重的教学任务，并且非常出色地完成了自己承担的教学等各项任务。

健康工作五十年，为共产主义事业贡献终生

父亲格外珍惜自己的时间，只不过他把这些时间都投入到了教学当中。虽然 60 岁退休了，但他只“告老”、不“还乡”，他把每一天都安排得满满的，不是在上课，就是在上课的路上；不是在讲课，就是在听课。即便已是 70 岁高龄，却从未有时间“打打麻将”、陪陪家人，仍然以饱满的精神状态奋战在教学一线，病倒前一天还站在讲台上，每天四节到八节课，风雨无阻、无怨无悔。而这，源于他自己的一个人生誓言，一个他不止一次对学生、对我们宣传他大学毕业时的誓言：“健康工作五十年。”他是这样教育学生的，也是这样践行的。即便是在刚做完手术后不久，适逢华科 30 周年校庆活动，身体还未完全康复的父亲仍然坚持要和学校一起庆祝诞辰，还念念不忘他的人生誓言，他说：“我是教师，我和大家一样，我们华科人记住八个大字吧：自立立人，兴安安国。今年春节周五下午还在上课，周六检查身体不适，做了一个大手术，现在手术半年了，我牢牢记住我的两个誓言——大学毕业的誓言：健康工作五十年。现在还不够五十年，所以我现在要积极的锻炼身体，早日恢复。这个誓言如果兑现之后，还有一个入党宣言：为共产主义事业贡献终生。所以我要尽快地恢复身体，恢复之后，再回到三尺讲台，为我们华科的光荣事业再继续发挥我的光和热。”

春蚕到死丝方尽，蜡炬成灰泪始干，这是对父亲一生最为翔实的写照。

（作者张兵，张秀林次子）

袍泽篇

江城子·悼张秀林教授

张美云

木秀于林瀚苍苍，五十载，教“书”匠。重壤幽隔，泪奔听“书”郎。纵使天堂无人识，树兰蕙，亦铿锵！荏苒冬春夏花香，鬓如霜，黑白裳。“誓词”未圆，却驾仙鹤往。可知殷殷晨曦露，滋后世，润柏樟。

痛悼张秀林教授

王廷弼

2015年5月15日，我校“教学名师”张秀林教授因病逝世，享年72岁。张老师20世纪60年代毕业于北京师范大学政治系，终生在企业和高校从事政治理论宣传、研究和教学工作。他以渊博精湛的学识、热情诚恳的教态、灵活多样的教法，深受历届学子的敬佩和爱戴。秀林老师与我同龄，我们有多次较深入的畅谈，彼此引为知己。特赋诗三首，敬献于秀林老师灵前。

一

木秀于林惹风摧，盛年怎奈驾鹤飞。
篑土高峰积耸峙，涓滴大海显弘恢。
春蚕到死丝难尽，蜡炬燃光泪仍垂。
桃李春风慰园薮，一缕忠魂带笑归。

二

贫家子弟出襄汾，读书成才为师尊。
教学科研曾两顾，道德文章竞双馨。
杏坛润物犹春雨，庠序育人凭痴心。
苍天无语终有报，敢信神州万年春。

三

回头怨怨觉春寒，惆怅乡关雪未残。
忍对离别说寂寞，强从悔恨了愁烦。
樽前笑语犹昨日，箧中大作似远澜。
同龄仙翁今已去，怜余勿忘报书函。

注："箧中大作"指张秀林老师所赠《书山学海秀于林——一位教授的拼搏之路》一书。

2015年5月16日

摘自《华北科技学院校报》2015年第5期

七绝二首·怀念张秀林教授

杨月江

其一

杏坛楷模书辉煌，三尺讲台谱华章；
学高身正春蚕品，一腔热血育栋梁！

其二

律己严苛待人诚，教书育人献真情；
淡泊名利一辈子，高山仰止老先生！

一个“完人”

唐征友

俗话说“金无足赤，人无完人”。但在我的印象中，张秀林老师似乎就是一个“完人”。

他没有什么任何不良爱好，抽烟、喝酒、赌博，与他都不沾边；闲聊神侃，呼朋唤友，宝马神驹，美食大餐，高档服装，似乎也不是他的追求。

那么，他人生的能量贡献在哪儿？

我们在思政课堂上，看到他激情四溢的演讲式的讲课；我们在课下，会看到他轻声慢语地和年轻教师谈他听课的意见建议；我们在道上，有时会看到他悄然走过的身影，发现道上的一个垃圾，他会顺手捡起，放进旁边的垃圾箱。

他把他的一生，奉献给他所热爱的教育事业；奉献给他热爱的这个社会，他的家人；奉献给他所热爱的学生和同事。

他很平凡，平凡得我们有时感觉不到他的存在：报家庭困难补助，他从不吱声；呼朋唤友聚会，他总说忙；神侃发泄埋怨，说社会、说他人、夸自己，也听不到他的声音。

他也很伟大，伟大得不仅让人感觉到他的存在，有时是“神”一般的存在。当我们扶危济困，为汶川地震捐款，为贫困母亲捐款，他都会默默地递上自己的一份；当我们思政教师开展集体教研活动，他会大声发言表达自己的忧虑和思考，毫不保留地奉献出自己的教学心得和方法；当我们寻找教学名师，蓦然回首，才发现他已是一个为周围师生传颂的“神”一般的存在。

我和张老师有印象深刻的三次近距离接触。第一次是20世纪90年代后期，我刚来这学校当教师不久，对如何上好思政课也没底，就去听张老师的示范公开课，课上张老师声情并茂、旁征博引，讲得很精彩。下课后我就请问他：思政课都说很枯燥，该怎么像你这样讲活思政课呢？他说，要多积累材料，平常我总拿着个小笔记本，随时把看到的、想到的、听到的记下来，看新闻联播如此，平时坐公共汽车也如此，以前在有色干院到外地讲课也如此，这样积累材料就多了，材料也能经常更新。我点点头，功夫不负有心人，诚不误我啊！可是说说容易，有多少人能排除其他干扰，抵御万般诱惑，这样坚持一辈子？所谓无欲则刚，张老师恰恰是一辈子能坚持做好自己认定的一件事的这种“完人”之一。

第二次的接触就到了前几年了。张老师已经是学校教学名师，退休后仍然是学校督导，为学校仍然在贡献余热，仍然是非常忙。我们这时候面对博士硕士党员成堆、思想文化活跃、个性多元发展的情况，就想找一个德高望重、品德高尚、理论水平也高的人来镇镇“场子”讲党课，张老师二话没说就答应了。记得他当时已显清瘦，但仍然热情洋溢，斗志不减，信念坚定，也如他那思政课讲课一样充满了人格魅力光辉。

第三次接触就是最近的事了。张老师得病做手术后我们去医院看望了他，都知道病得很严重，我们都很担心。后来有一天，我在致远楼一层居然又碰到了张老师，我心里想，张老师这么严重的病，居然没在医院好好躺着，怎么又跑出来上班了？第二天我碰到了张老师儿子张勇，我毫不客气批评他：怎么不管管老爷子呢？张勇委屈地说，不是那么回事。治疗间隙他还想看书，想着病好了还要坚持去上课，家里环境不清静，所以他想到教室来看看书备课。

他唯一漠视的，就是自己；他所关心的，则是众多的学生。我就在想，是什么环境造就了这样一个高尚的灵魂？也许，是他大学毕业母校的“学为人师，行为世范”校训使他承载了一辈子的负重？抑或是华科的“严谨治学，教书育人”的教风激励了他至死不渝对教育的执着？

我们热爱张老师，我们敬重他的崇高追求，坚定信仰，敬业精神，严于律己、宽以待人的为人品格。

始终如一的教授——张秀林

巫新建

自从学校党委下发文件号召全校师生向张秀林教授学习以来，我至少三次拜读了张秀林教授的先进事迹，加上之前赵家振教授向广大教师宣讲的有关内容，以及本人与张教授接触产生交集的感受，我觉得，作为一名普通的人民教师能够做到，理想信念始终如一；对待工作、同事、学生始终如一；艰苦朴素的精神始终如一；谦恭好学的态度始终如一……是我们共产党人乃至任何公民都值得学习的榜样，今天他已离开我们一百多天了，可他那简朴而高尚的形象，却始终在我们脑海中浮现。时刻提醒自己要像张秀林教授一样努力工作。作为公民要不忘为国家、社会及每个学生家庭贡献自己的一点光和热。

作为师者，张秀林教授用其几十年的心血和精力，一直践行着最伟大教育家——孔圣人的教育思想，体现着传道授业、解惑的精髓。多少年来张教授一直秉承做事先做人的道理向广大他热爱的同学们和友善的同事们进行传授，一直身体力行地践行着。作为被广大同学爱戴和传颂的普通教授，大家爱听他的课。在他的课堂上不仅学习了马列知识，思想道德……更学会了做人、做事、做学问的关系。使大家感同身受，在社会上受益。作为一名学生导师，当学生遇到疑点时，他总是以耐心、用心、换心的态度为大家指点迷津，让同学们觉得，这位老者与他们不仅没有代沟，更像是亲人和朋友，大家愿意听他讲“大道理”，领会其中的人生哲理，从而帮助自己，早点儿在社会上立足，直至建功立业。

作为同事，张秀林教授始终保持一种谦恭好学的精神，从未给人高高在上的感觉，他永远保持微笑，始终礼让三先，甚至给人以各种“谦卑”的态度。我有时在回忆中想，仅仅是一位普通教师，在他的追悼会能有如此多的同事、朋友，甚至校领导都来给他送行，就足以说明他的为人是多么令人感动，大家才会这样发自内心地送他最后一程，同时也不愿他如此之快地离开大家。

作为一名优秀的老共产党员，教授把他能够奉献的一切，给了他敬爱的党组织，他是广大党员的楷模、大家学习的榜样，这就是习近平总书记提到的党员形象的真实模板。是我们身边鲜活的例子，是典型的社会主义核心价值观的宣传者，更是践行者。我们作为张教授遗愿的履行者，只有始终不忘向他学习，时刻以他为榜样鞭策自己，完成好授业解惑的精髓，在自己平凡岗位上，干好自己力所能及的事儿，就是最好的向张秀林教授学习的实质。只有这样我们才能更好地完成张教授对大家的期待，也才能实现他老人家的遗愿，才能更好地让他在天国中休息。

愿张教授在天堂安息！

冰 心

——以此文纪念张秀林老师

张国茹

玉壶存冰心，朱笔写师魂。
谆谆如父语，殷殷似友亲。
授业解惑者，德高不忘本。
寄望后来者，成功报师恩。

师者如灯，灯芯暖热，付与芳草，花繁叶茂。张秀林老师为师几近五十年，以传道、授业、解惑为己任，对教师行业永远怀有赤子般的虔诚和热忱，正所谓“愚蒙者，我得而智慧之；幼小者，我得而长大之；目视后进骎骎日上，皆我所造就者，其乐为何如耶”！他对待学生常怀这样美好的感情和卓越的精神，享受着这份工作带来的甜蜜负担。

于学生而言，张老师是明星教师，在这个选修课“必逃”的时代里，他的思想政治课却异常受到学生欢迎。他讲课风格幽默诙谐，深入浅出，可以将枯燥乏味的政治知识和当下时代的特点相结合，使学生身临其境，又倍感亲切，甚至有时候他还会用一些俏皮的网络用语，拉近和学生之间的距离。在学生的眼中，张老师不是传统意义上的“老学究”，而是真正理解他们、懂他们、爱他们的“老顽童”。

于我而言，张老师亦师亦友。在和他一起工作的几年中，我深深地被他的工作态度和工作方式折服，一直把他当作我教学、做人的标杆和榜样。在我眼中，他就像一篇隽永的散文，在行云流水的字里行间，铺陈着空灵的妙语连珠，虽用词朴素，但其韵味却醇香似酒，令人沉醉。一身中山装，一双布鞋，一个记事本，一个永不离手的铅笔头，一本密密麻麻的手写教案，是张老师兢兢业业工作的独特"标配"。在这个电子化的时代，他从不打印教案，而是坚持几十年手写的老习惯，每一笔、每一画都倾注了他对学生的爱。

在张老师被病魔折磨的日子里，他坚强独立，绝不麻烦任何人，常怀感恩之心，时刻不忘自己的誓言。面对困难时，他常说："只要是对党、对社会、对人民有利的事情，不能怕苦怕累，要奋不顾身努力实干。"他虽然不代课了，但还经常去图书馆看书，会到教室中静静地坐一会儿……这是他对教育事业、对教师职业、对三尺讲台、对学生发自心底的眷恋。

斯人已去，长歌当哭。忆往昔，他也曾是中流砥柱闪耀杏坛，值今日，众人唏嘘星沉月落尽哀音。

"木秀于林，风必摧之；堆出于岸，流必湍之；行高于人，众必非之。"还记得，当年张老师安然浅笑的经典开场白吗？我辈常思之……

春蚕到死丝方尽　蜡炬成灰泪始干

张晓东

2015年5月17日下午2点，京东灵山陵园，微雨，我站在张秀林老师的墓穴旁，心情久久不能平静。作为众多送别者之一，我见证了张老师从辞世到下葬的整个过程，对于张老师对我的这份信任，我是无比感动的；而想起张老师生前的点点滴滴，又让我增添了更多的敬重、怀念与哀思。

一世情缘

在从陵园回来的路上，张勇老师（张秀林老师的长子，我校学工处教师）说："老爷子这一辈子对得起家人，对得起学生，唯一对不起的是他自己。""他这一辈子，几乎没有任何爱好，不抽烟、不喝酒，几乎不看电视（《新闻联播》除外），他把所有的精力都放在教学上了。""都七十多岁的人了，每天还要上四节到八节课，怎么劝也不行。"说到这些的时候，张勇老师是带着伤感而又无奈的语气的。我能理解一个儿子此时的心情，也正因他的这种"无奈"，让我对张秀林老师、这位将生命融入"教学"当中的"前辈"，生出无比的敬意和感怀。

2004年7月，我硕士毕业来到了华北科技学院人文社科系，那时的我，还带着很浓厚的"学生气"：年少轻狂、眼高手低、目空一切，自认为学了七年专业课、名牌师范大学毕业，给本科生上课简直是手到拈来、药到病除、马到功成，根本不需要备课和听课，结果慢慢地，来听我课的老师多了起来（张秀林老师也在其中，只是当时根本没当回事儿)，自己还很“傲娇”地跟别人炫耀：自己的课讲得多精彩，吸引了这么多的老师来“学习”。只是未曾想到的是，众多老师“学习”的结果，是我本人教学测评的“不合格”，是全系七十多位教师中仅有的被“亮黄牌”的三个人之一！

曾经的“天之骄子”一下子变成了要被“帮扶”“整改”的对象，严峻的现实迫使我重新审视自己，重新思索“教学”——这个一直被自己视为终生职业乃至终生“事业”的工作的职责和意义所在。我开始认真备课、听课，开始向其他优秀教师学习，而此时，张秀林老师的“教学名师”形象才真正进入我的视野，并引发了我对“教学”的长久思考。

让我印象最深刻的是张秀林老师的教案。在这个电子时代，打印稿成为教师的“标配”，除了签名，似乎已经很少有人手写教案和其他文件了。但是张老师的教案，一直都是手写的，不管教案有多长，每一页写得都是那么工整、细致，并且在旁边留有空白，以便随时增补内容。而当增改的部分过多导致页面“混乱”的时候，张老师会重新写一份教案，展现在我们面前的就又是一份工整、细致的“艺术品”了。每次看到张老师的教案，除了内容上的学习，视觉上的享受，更多的是从张老师身上看到的那份热情和责任，而这，正是我缺乏的。

虽然是学校的教学名师、文科督导组组长，但是张秀林老师每次来听课的时候，都会在上课前对被听课的老师说：“我是来学习的，你不要紧张，正常讲就好。”然后坐在教室后面，认真听讲，仔细记笔记，在下课后跟我们青年教师“探讨”。他总是在肯定我们的优点之后，温和地指出某些缺点和不足，很容易让我们接受，给人一种“如沐春风”的感觉，在波澜不惊中学到了很多东西。

还有一件事让我很受感动，那就是张老师主动请求把晚课、周末的课等别人不想上的时间段安排给自己。起因是这样的：由于系里有一些教师家住北京，来回学校一次光路上的时间就得三四个小时，而由于学校教学资源的限制，很多时候要安排晚课（在特殊时期，最晚的时候要上到14节！晚上九点半才下课！)，甚至要安排在周六上选修课。对于这些“跨省”上班族，尤其是女教师来说，往往苦不堪言。得知这一情况后，张秀林老师不顾六十多岁的高龄，主动向系里提出可以尽量把晚课和周末的课安排给他，因为他就住在学校的家属区，离学校近，自己上的晚课多了，别人就可以早点儿回家了；自己上了周末的课，别人就可以跟家人好好团聚、欢度周末了。

这就是一位老师对于“教学”的一世情缘，对工作的无比热爱，对同事的无比关心，对学生的无比尊重（下面细说），这是我最为敬重他老人家的，也是我最需要学习的。

一个典故

张秀林老师教给我的，不仅有他谦恭细致的教学态度，还有他独特的、富有启发性的教学艺术。张秀林老师讲授的是思想政治课，这门课在很多人眼里是枯燥的、教条的，可是张老师却不是讲“死书”的，他特别擅长把理论和实际联系起来，把知识和生活联系起来，让课堂“活”起来。比如他每天都看《新闻联播》，把当下的热点问题与教授的理论知识结合起来，既有理论深度、权威性，又有现实性和生动性。再比如他因地制宜地用他的名字给学生“传道”。他说他的名字“秀林”是有出处的：

“木秀于林，风必摧之；堆出于岸，流必湍之；行高于人，众必非之”。

——三国·魏·李康《运命论》

他解释说，“木秀于林，风必摧之；堆出于岸，流必湍之”是打比方，“行高于人，众必非之”才是作者的表达重点所在，这告诉我们一个普遍存在的社会现象，即成功的、优秀的人，往往会受到别人的非议和排挤，当同学们听到别人对自己的非难和指责时，不应该感到沮丧和灰心，不应该轻言放弃，更不应该怨天尤人。也许这正说明了你的优秀呢？我们应该做的，是坚持自己的想法，努力改正不足，让自己变得更优秀，“与其埋怨，不如实干”（张秀林老师语），等到有一天，自己足够优秀了，在经历了风霜雨雪的洗礼后，成为巍然屹立的“参天大树”，别人自然而然就会对你“刮目相看”的。

“与其埋怨，不如实干”，这是张秀林老师身体力行的，也是他对学生、对我的言传身教，我从未在任何场合看见或听见张老师对工作、对生活、对同事、对学生的任何怨怼之辞，只是看见他勤勤恳恳、任劳任怨地忙碌于讲台和课堂之间，默默地奉献着、指导着、教育着学生和我，这既是张老师的教学态度，也是他的教学艺术，在潜移默化中带给我们许多教育和启迪。在得知自己被“亮黄牌”之后，自己也有许多迷惑和不解，有时候也会感到很委屈，但是听到张老师说的“与其埋怨，不如实干”之后，在看到他身体力行这种精神之后，我终于能够静下心来反思自己了，我把更多的时间用在了听课和备课上，我搜集了越来越多的教学资源，把一些学生关心的、感兴趣的话题和语言引入到课堂中，加强与学生的“互动”，并且发挥自己“创作”的优势，形成了自己的教学风格和特色，慢慢地，课堂上玩手机的少了、打瞌睡的少了，记笔记的多了，来旁听的外专业的、外校的学生多了，甚至有四十多岁的校外人士，坐着轮椅来听我的古代文学课，我知道，张秀林老师的话应验了，我离“成功”不远了。终于有一天，那时主管教学的张美云院长跟我说，你准备一下，参加这学年的讲课比赛。我知道，自己的“实干”没有“白干”，自己的努力得到了领导的注意。在张美云院长、张秀林老师等领导和督导的支持下，在蔡召义、金安辉等优秀教师的帮助下，我闯进了学校教师技能大赛的决赛并一举夺得第一名的佳绩！我要衷心感谢以张秀林老师为代表的学校各级督导，是你们“与其埋怨，不如实干”的精神打动了我、教育了我，是你们对我的不离不弃和循循善诱，启发了我、鼓励了我，也许我无法成为一名优秀的“学者”，但我希望能够沿着张秀林老师的足迹，做一名优秀的“教师”，把“教书育人”作为自己终生的奋斗目标！

五分钟与五十年

张老师对教学的热爱是与生俱来的，张老师对学生的“敬爱”是无与伦比的。他总是设身处地地为学生着想：为了不让学生对所学的课程感到枯燥，他想尽一切办法拉近和学生的距离，比如在和新同学见面时，他总爱用这样的一段开场白：

0 岁出场亮相，10 岁天天向上。20 岁远大理想，30 岁发奋图强。40 岁基本定向，50 岁处处吃香。60 岁告老还乡，70 岁打打麻将。80 岁晒晒太阳，90 岁躺在床上，100 岁挂在墙上！

就这样，在一片欢声笑语中完成了他的“亮相”，给学生留下了“这个老爷子很可爱，这门课程很有趣”的印象；并且用这样一段诙谐幽默的语言讲述了一个人的人生历程，给人以启示：时光易逝，一定要珍惜！

张秀林老师格外珍惜自己的时间，只不过他把这些时间都投入到了教学当中。虽然 60 岁退休了，但他只“告老”、不“还乡”，他把每一天都安排得满满的，不是在上课，就是在上课的路上；不是在讲课，就是在听课。即便已是 70 岁高龄，却从未有时间“打打麻将”、陪陪家人，仍然以饱满的精神状态奋战在教学一线，每天四节到八节课，风雨无阻，无怨无悔。而这，源于他自己的一个人生誓言，一个他不止一次对学生、对我们宣传的大学毕业时的誓言：“健康工作五十年。”他是这样教育学生的，也是这样践行着的。即便是在去年刚做完手术后不久，适逢华科 30 周年校庆活动，身体还未完全康复的张秀林老师仍然坚持要和学校一起庆祝诞辰，还念念不忘他的人生誓言，他说：“我是教师，我和大家一样，我们华科人记住八个大字吧：自立立人，兴安安国。今年春节礼拜五下午还在上课，礼拜六检查身体不适，做了一个大手术，现在手术半年了。我牢牢记住我的两个誓言——大学毕业时的誓言：健康工作五十年。现在还不够五十年，所以现在我要积极锻炼身体，早日恢复。这个誓言如果兑现，还有一个入党宣言：为共产主义事业贡献终生。所以我要尽快地恢复身体，恢复之后，再回到三尺讲台，为我们华科的教育事业再继续发挥我的光和热。”

“春蚕到死丝方尽，蜡炬成灰泪始干。”这是张兵（张老师次子）在众多的悼念文章中选出来的两句诗，用作老爷子的墓志铭，他说只有这两句诗才能概括老爷子的一生！他是对的，张秀林老师就是这样无私奉献，把所有的光和热都奉献给了教育事业，都奉献给了可爱的学生们！“健康工作五十年”，他一直在为这个目标努力奋斗着，也一再地以一个慈祥的老爷爷的身份告诫学生，一定要爱惜身体，不要熬夜，不要不吃早饭……张老师的时间排得满满的，但是不管再忙再累，他都坚持了“课前五分钟”的独特“课外教育”，即在上课前五分钟到教室，站在教室门口，“迎接”学生前来上课。这不是在作秀，而是一名70岁高龄的教育工作者，日复一日、年复一年地在用身体、用生命给学生上课，给我们上课：要珍惜时间、好好学习！我们习惯了“尊师重教”，但是一个七旬老者，却用生命拓展了“教育”的内涵，那就是“敬爱”学生！这是何等的可贵，这是何等的崇高！

“桃李不言，下自成蹊。”张秀林老师对学生、对家人、对同事的“无声”教育，影响了一批又一批人。在课堂上的“光芒”自不待言，光看看追悼会上的送行队伍，就可知其人格魅力之一二了：有很多已经毕业了的、远在外地的学生；有些并不是张老师的学生，而是慕名前去“蹭课”的学生；也有张老师教过的并非自己学院的学生……这些学生从四面八方汇聚而来，只为看张老师最后一眼，送张老师最后一程！

在别人看来，张秀林老师没能完成他“健康工作五十年”的誓言，是他的遗憾；但是在我看来，他倾注了全部对教学的热爱、对学生的“敬爱”的“课前五分钟”就是他为之奋斗的五十年！张秀林老师用无数个“课前五分钟”为学生、为我们树立了一个鲜活的榜样，也为他自己树立了一座不朽的丰碑！

“学高为师，身正为范。”张秀林老师就是用这样一点一滴的事迹教育着我们，感染着我们，引领着我们。我们也愿意追随张秀林老师的“誓言”，坚守在这三尺讲台，用一个又一个“五分钟”铺就“健康工作五十年”！直到永远！

摘自《华北科技学院校报》2015 年第 5 期

但有一息在 光辉洒校园

——华科需要这样一种精神

和俊华

近日，我校“教学名师”张秀林教授因病逝世，老师和同学们自发举行各种形式的悼念活动，也有好多老师和同学撰写了回忆和赞美张老师的文章。自发的悼念源于对张老师的爱戴和敬仰，自发的悼念表明张老师有一种人格的力量，自发的悼念说明张老师的精神感染着我们，才使得这么多教师和同学发自内心的表达一种怀念和敬意。

鹤发银丝映日月，丹心热血沃新花。张秀林老师 60 岁退休以后，没有“告老还乡”，仍然把每一天都安排得满满的，上课、听课，他的心里深爱着课堂。纵然 70 岁高龄，仍然以饱满的精神状态奋战在教学一线。“健康工作五十年”是他的誓言，他用实际的行动默默践行着自己的承诺，也这样教育着学生。梅贻琦先生说：所谓大学者，非谓有大楼之谓也，有大师之谓也。这样的大师，既是学问之师，又是品行之师。张老师不幸因病辞世，没有完成他的誓言，是一种遗憾，但他把自己的分分秒秒全部倾注给了对教学的热爱、对课堂的留恋、对学生的关心，在同学们的心目中留下了一个永恒的“大师”形象，为华科留下了一种榜样的力量，也为华科树立了一座不朽的精神丰碑。他对得起一个“教师”的称号，对得起这所学校，也对得起他心爱的教育事业。有这样一种师者，不仅是学生之幸，更是华科之幸，教育之幸。

春蚕到死丝方尽，蜡炬成灰泪始干。张秀林老师几十年如一日，不管再忙再累，都提前到教室门口迎接来上课的学生，风雨无阻，从不迟到。他的课堂学生满满堂堂，没有谁不愿意听，也不需要考勤，“蹭课”的学生都找不到座位。他的课堂激情豪迈、妙语连珠、精彩纷呈，他的每一节课都好似一场别样的演讲。即使年过七旬他仍不敢怠慢，努力为学生讲好每一节课。一个人不需要做出轰轰烈烈的事迹，也不需要做出彪炳史册的功业，但一定需要有一种精神，一种对事业负责、爱岗敬业的精神。教师的职业是普通的，也是特殊的。特殊在如果不能爱岗敬业，就可能起不到教书育人的作用，甚至还可能把学生引入“歧途”。习近平总书记说：“教师要时刻铭记教书育人的使命，甘当人梯，甘当铺路石，以人格魅力引导学生心灵，以学术造诣开启学生的智慧之门。”一名七旬老者，用自己的一生回答着“怎样做好一名优秀的人民教师”，他把毕生的精力和努力都奉献在了每一节课上，这种爱岗敬业的精神是践行社会主义核心价值观最典型的事例，值得每一位教育工作者学习。

三尺讲台系真情，一生秉烛铸辉煌。张秀林老师这一辈子没啥爱好，唯一钟情于教书育人事业。他的课不枯燥、不教条，更多的是理论与实际的结合，他的课不死板、不单调，更多的是发人深省、启迪心灵。他爱他的课堂，上课卖力，学生爱听。一个和蔼可亲的老者、一个没有架子的老师、一个钟情于教育的教授。他的理想不是当官，不是挣钱，而是讲好他的课。三尺讲台是属于他的，只要站在讲台，他就有满足感，他就会“拼命”。他天生就是属于教育的，教书育人已经融入他的灵魂，成为他终生不变的使命。一个人做好一件事很容易，最难得的是终生坚守。即使病重手术期间仍惦记着他深爱的课堂，还想回到三尺讲台，张老师用生命演绎着对教育事业的热爱。张老师有句名言：与其埋怨，不如实干。他以一种实干的精神，真诚书写了心系教育、关爱学生的拳拳之心；真正诠释了他热爱三尺讲台、奉献教育事业的殷殷之情，一刻不曾停息。

“有信念、有梦想、有奋斗、有奉献的人生，才是有意义的人生。”张老师辞世后，大家自发表达怀念，很多不是他熟悉的同事，也并非是他教过的学生。这就是一种心灵的感召，张老师用自己的辛勤付出和无私奉献，在华科校园凝聚成了一种无形的精神力量，这种精神力量已经潜移默化地融进了华科的“血液”，成为华科精神不可或缺的重要组成部分。

师者有情。一支粉笔，两袖清风，三尺讲台，四季轮回，五尺汉子，七旬光阴，为的是一句誓言，终生坚守；为的是桃李芬芳，春色满园。我们每个人最终都将化作一抔泥土，但纵然是化作泥土也能吐露芬芳。张秀林老师爱岗敬业的精神、对教书育人的责任心将激励着一代代的华科后来者学习、怀念、敬仰。我们在成就事业的道路上极需要这种精神，这是一所大学应该有的昂扬向上、积极进取的精神。有了这种实干精神，华科的发展就会迈向崭新的平台，有了这种爱岗敬业精神，美丽的“华科梦”就一定能早日实现。

斯人已逝，幽思长存。我们需要做的是传承好张秀林老师的精神，这将是华科人走向未来、实现梦想的重要力量。

摘自《华北科技学院校报》2015 年第 6 期

先生留待我追忆

李遐桢

今天的月亮升起来得格外早，华灯点亮又渐次熄去，喧嚣的都市也慢慢降了温，忙碌了一天的人们拖着疲惫的身躯像觅食一天的鸟一样匆匆归巢。在归家的人流中，再也看不到张秀林先生的身影。

夜，很静！间或有一对遛弯归家的人聊着天，声音传得格外远；又间或一个独行者，踏踏踏……脚步声格外刺耳。看看窗外，对面楼宇已无灯光。夜，深了。但我完全没有睡意，脑海中泛起了先生，平时片段式的镜头整合成了一部影片，在我的脑海中挥之不去。

惊闻先生永远离开了，我，很愕然！他在前两天不是还为我们的学生上课吗?

2014 年，就得知先生生病，作为各方面颇受指点的后学之人，我理应去医院探望，但转念一想，先生身体那么好，不会有事的。但他平时健康的表象欺骗了我，不给我去探望一次的机会。我不要太多的机会，只要一次，但上天为什么一次机会也不给我！如果早知道先生会永远离去，我可以抛开手头任何的事务。没有如果，这就是生活的残忍！

先生竟然就这样匆忙地走了，一代名师就这样陨落了，上天为什么不眷顾这么一位可亲、可敬的老先生！为什么不再给我一次接受先生耳提面命的机会！

先生节俭，脚穿一双布鞋，身穿藏青色的中山装或夹克，手提学校为督导配发的手提兜，手提兜里装着教案、记事本和笔。先生的衣着虽然很旧但干净整洁，手提兜虽然很旧但能装下无数知识。

先生谦虚好学，每一次见面，他总是很谦恭地与我打招呼，弄得我这个后辈无所适从。和我聊起“今日说法”或生活中的案例，先生说“国家领导人提出要依法治国，我要多来听你的课，向你学习法律”，并拿出随身携带的笔和本，很认真地记录着我对有关案例的分析，我受宠若惊。

先生乐为人梯，2004年我研究生毕业，从一个校门迈进了另一个校门，根本不懂什么是教案、什么是大纲、什么是教学日历……只要我向先生求教，先生从不吝啬。

先生兢兢业业，手写的教案，整整齐齐的正楷，比我们教师打印的教案更接地气，为学生授课堂堂爆满，深受学生好评。

就是这样一位可亲、可敬的先生，上天怎么能残忍地拒绝他“健康教书五十年”的夙愿呢?!

我早该写点东西纪念张先生。但一天到晚忙忙碌碌，不但一事无成，还害得我连写纪念我尊敬的师长张翁的只言片语都没有落定。我知道，任何的借口都很苍白。

我，现在能做的：对活着的人道一声珍重，对永远离开的张先生，说一声你一路走好。祈愿在那遥远的天堂，没有病痛，只有快乐！我，以后能做的：先生留待我追忆。

先生属羊，正满72岁，但永远离开了我们。夜更深了。想想明天，还要工作。人就是在一天天忙忙碌碌中慢慢老去，生，才有意义。

亡人逸事

金安辉

十一年前获识先生，于今正好四千天了。

印象中，十一年里先生总是穿一身蓝色中山装。冬天外面就套一件蓝色棉袄，夏天则只穿件浅蓝色的短袖衬衫。与先生相映成趣，我一年四季身着黑衫，因此，我私下认定我们爷俩儿是这校园中的“标志性人物”。有次我也穿件中山装走在校园，碰到先生，相视一笑，我当时心想：撞衫了。先生也许心里在想：你侵权了。

先生的讲稿是这学校里的一绝，一笔一画全手工而成，字迹也许算不上书法作品，但一页页工工整整，一年年添添补补，集腋成裘，蔚为大观。我曾经想过，将来，就看学校领导和潘家园商贩谁下手快了，因为那讲稿绝对是该陈列在展览室的玻璃罩内，用柔和的灯光小心照射供人观瞻的。先生和我一样都还坚持使用自来水钢笔，墨水的颜色亦同各自着装，他蓝我黑。一次，他向我借《鲁迅全集》，我问作何用，他答想把书里面小时候学过的课文重新抄写一遍。我听了，不解。不多天，他就拿来抄完的几篇文章给我看，我仍只是不解地敬佩着、感动着。

学校里几千门课，先生的课堂最叫座。他讲的课程是政治思想理论课，应该枯燥无味的，怎么就摇身一变，成为“星光大道”般广受欢迎的呢？我始终疑惑。好几次，故意从先生的课堂门口经过，也暗地里向同事问询究竟，耳闻目睹，终于释然。每次上课前几分钟，先生总站在教室门口迎接学生，还拱手做着“请进”的手势。学生们受宠若惊疾走就座，我看了同样震撼、瞠目结舌。古代帝王礼贤下士有所谓

“倒屣而出”“降阶而迎”之说，今儿算是见识了。渐渐地，先生站在教室门口等待学生的形象在我心中变成了一个寓言式的象征——他是在召唤着后辈们走进学问之门吧？每次期末考完试，除了上交学校的学生成绩单，他还自己小心翼翼留下一份。当年的成绩单都是手写的，谁都相信，成绩单上那几千个名字都是或终将是陌生的名字，但唯独先生不信。

先生作学校督导。我一度以为督导就是把“指点”变成“指指点点”的人，但先生改变了我的偏见。他总是先于授课教师达到教室，见老师来了，很客气地迎上来，笑道：“我向你学习来了！”说得很真诚。然后，规规矩矩坐在后面，边听边记，边听边点头。下课了，过来再扔下一大堆鼓励的话，说得仍真诚，让人蓦然觉得教师这职业其实充满了幸福感。两个同事，评职称，未果。先生是评委，过后主动约见他俩，告诉他们这次失利不是实力原因，而是由于“规定动作”不能缺项。下一年，两个同事便如愿晋级了。有这样的长者督导，实在是学校之幸，年轻人之幸。

十年前，系里组织去卢沟桥参观抗日战争纪念馆。我在馆里转了一圈就匆匆出来，急着去数卢沟桥上的石狮子。不知何时，见先生也在我旁边，于是聊起来，主要是他说我听。先生给我讲他许多年来的行藏经历、对于教育这行当的感情，当时我没觉得怎样，也许是由于那时对先生了解还不多，也许是由于自己始终都以愤青自诩。现在回想起来，才体会出他那时说的都是肺腑之言。先生是刚毅之人，人生中的诸多坎坷都被他一笑而过。先生为性情中人，单位里组织的活动、年轻人的婚宴，他从来都参加。先生乃儒者本色，“寻孔颜乐处”的人生精义我以为他找到了。

先生家原来在学校北区，离上课的地点几步之遥，后来搬远了，但每天还是步行前来学校。我问：那么远，怎么不坐车？他笑：锻炼身体啊！先生确实总是面色红润、体格硬朗。最后一次遇到先生是一个冬日正午，见他拎着书包走进一个空教室，忙上前问为何不回家，他说：下午还有课，阳面教室暖和，来眯一觉儿。乐呵呵的，进去了。那一幕，印象特别深，永生难忘。前些天听到电视剧《嘿，老头!》中的主题歌，才恍然觉出当时我心中的感觉现在完全被这歌词唱出来了：

当你老了，头发白了
睡意昏沉
当你老了，走不动了
睡意昏沉
当你老了，走不动了
炉火旁打盹，回忆青春
多少人曾爱你青春欢唱的时辰
爱慕你的美丽 假意或真心
只有一个人还爱你虔诚的灵魂
爱你苍老的脸上的皱纹
——嘿，老头！现在好吗？真的想你了！

先生姓张，讳秀林，2015 年 5 月 15 日遽归道山。噩耗甫出，微信瞬间被刷屏 20000 余次。师生同悼，极尽哀荣。

忆张秀林教授二三事

蔡召义

我不能相信张秀林教授去世的消息，恍惚间他的音容笑貌就在我的眼前。可这是真的，他真的离我们而去了！每念及此，不禁悲上心头。

我与张秀林教授相识那是二十多年前的事了。张老师那时刚从中条山有色金属工业总公司调到有色金属管理干部学院任教。我当时在院办公室任秘书，因为工作关系自然渐渐熟悉起来。给我印象最深的是，张老师非常谦逊，未说话先露出诚挚的笑来。好像没有穿过新衣服，永远穿着一双家做的布鞋。那时我女儿还小，岳母从老家来帮我照看孩子。因为岳母与张老师爱人经常在院里聊天的缘故，我也对张老师的家庭生活有了更多的了解。当时正值改革开放之初，教师工资低，他爱人没有正式工作，两个孩子还在上学，靠一个人的工资要养活全家，难免捉襟见肘，可张老师作为教授和处级干部，从来不贪不占，多年保持节俭的生活作风，日子虽清贫，却赢得了大家的敬重。

因为工作岗位和家庭住址的变动，有一段时间我与张老师接触少了。这一阶段听到的消息都是说有个张教授课讲得好，记忆力惊人，一串串数字随口而出。上课就像讲演，学生评价很高。2006 年后，我调到人文学院任教。课余时间经常碰到背着包行色匆匆的张老师。有一天，碰到他手捧着一个大号玻璃杯，在电梯前喝着。我笑问：张老师，喝的什么好茶啊？杯子递到我面前。我讶然了！竟然是满满一杯饺子汤。张老师笑笑说：下午还有课，在门前吃了点水饺，顺便灌了一杯饺子汤。一阵酸楚顿时充溢心头。多么淳朴的老人啊！为了不耽误下午课，中午就随便吃点儿，还要灌上一杯饺子汤，为的就是节约时间，好利用中午时间备备课。回想张老师多年来的一贯作风，我又丝毫不感到惊讶了。两个儿子都上班了，收入提高了，生活条件好了。但张老师这么多年依然保持着艰苦朴素的生活作风和兢兢业业的工作作风。难怪学生那么喜欢他。在他遗体告别仪式上，有十多名他曾经教过的学生，特地放下工作，也要见上敬爱的老师最后一面。这情景直叫我辈汗颜而又欣羡不已。

敬爱的张老师，您永远是我们学习的好榜样！愿您安息！

献给尊敬的张秀林老师

陈铁夫

张秀林老师因癌症离开了我们，他老人家走得太突然了，突然得我们一点思想准备都没有。因为2014年六月底，他已经住院病愈，而且精神矍铄、健谈至极。张老师虽然走了，但是，他老人家的音容笑貌、和蔼可亲的笑容、神采奕奕的讲课风采、铿锵有力的声音和匆匆行走的身影却依然萦绕在我们的心中。正可谓，斯人已去，风范犹存！

张老师的一生，像老黄牛一样默默耕耘，只知奉献不知索取，“吃的是草、挤出的是奶”，把自己宝贵的一生无私地奉献给了党的教育事业。

张老师是一位信仰坚定的人。他老人家曾说过，“秀林一直搞理论，讲的是唯物主义，不相信有来世。”他还讲过“只要对国家、对社会、对人民有利，干什么都可以”。他还多次讲道“要为革命工作五十年”。伟大的目标产生伟大的动力，正因为张老师心中有盏永不熄灭的明灯，它成了张老师生命不息、奋斗不止源源不竭的、强大的精神动力。

记得有一次，还是在文法系的时候，我们去听张老师的观摩教学，张老师讲课极其卖力，全身心投入，上讲台犹如上战场一般，在讲党的统一战线理论的时候，他旁征博引，深入浅出。在讲台上，张老师神采奕奕、声音洪亮，课讲得极其精彩，深深地吸引和打动了听课的学生。张老师是老教师，阅历丰富，积累深厚，只有有如此阅历和功底的教师才能将思政课讲的如此出彩和富有感染力。

张老师在面对困难时，总是勇于担当、冲锋在前，从不叫苦喊累，从没有抱怨怨言，保持着旺盛的革命乐观主义精神。张老师是思政课教学的“顶梁柱”，退休前是，退休后也是。

为了能有一个强健的身体，张老师十几年如一日，每天下班后，从华科本部回到他家住的华科南院，从来都是步行，很少坐车，除非遇到刮风下雨等天气原因例外。作为人，这样如此坚持一天、一个月、几个月都很容易，而张老师却十几年这样坚持着，天天如此、月月如此、年年如此，实属不易。也正是因为有这样一种持之以恒的坚持，练就了张老师一身好体格，张老师平时很少得病，得益于这种坚持，这也为张老师能承担繁重的教学工作铸造了一副好的身体本钱。

记得2004年春天，文法系组织教师去野三坡百里峡春游，面对着绵绵长长的峡谷和高高耸耸的山峰，很多年轻人都坐了索道，而张老师却坚持着一步一个脚印走下来，而且健步如飞，行走的速度一点也不比年轻人慢。当人们问张老师为什么不坐索道时，张老师愉快兴奋地说：“我本科是学地理的，后来服从组织需要教起了思想政治理论课，我们学地理的，动不动就要到农村、到山沟沟里去爬山，见着山不爬心里会不得劲”，要知道，此时张老师已经整整61周岁了，这不得不让许多年轻教师敬佩感动不已。

张老师平易近人，关爱青年教师的成长。张老师由于年龄偏大的原因，不太会使用电脑，他的教案都是手写的，但教案写得非常工整，一笔一画，从不潦草，年轻教师看了张老师的教案无不折服；张老师作为校督导成员，经常要听青年教师的课，每次听完，张老师都会诚心诚意、毫不保留和耐心细致地进行传帮带。在张老师的精心帮助和指导下，使许多青年教师的教学水平都有了极大的提高，实现了由讲不好课到讲好课的巨大飞跃。张老师呕心沥血、恪尽职守，像长辈关爱自己的亲生子女一样关心青年教师的成长，为我校青年教师的培养，做出了不可磨灭的巨大贡献。

张老师走了，走得太匆忙，才72岁，走得太早了些。但张老师的一生是高质量的一生，是有理想、有奋斗的一生，是认真做事、诚实做人的一生，是勤勤恳恳、兢兢业业的一生，是值得我们学习和敬仰的一生。

毛泽东有句名言：“一个人做点好事并不难，难的是一辈子做好事，不做坏事。”张老师用他一生的实际行动践行了这句名言。毛泽东还说过：“我们大家要学习他毫无自私自利之心的精神。从这点出发，就可以变为大有利于人民的人。一个人的能力有大小，但只要有这点精神，就是一个高尚的人，一个纯粹的人，一个有道德的人，一个脱离了低级趣味的人，一个有益于人民的人。”张老师就是毛泽东所言之人。

张老师的精神将永存于我们的心中，激励着我们向着明天，继续前行。正可谓，“死者长已矣，生者如斯夫”。张老师走了，但是，他老人家那和蔼可亲的笑容将会永远浮现在我们的眼前，他讲课时那洪亮的嗓音将会永远鸣响在我们的耳旁！

张老师，安息吧，愿您老人家一路走好！

追忆张秀林教授

李培华

我是2002年与张教授相识的，从相识到相知，屈指算来已有13个年头。在与张教授相处的日子里，他的很多东西深深影响了我们，感染了我们。下面谈谈几点感受。

首先，张教授在教学中，是全身心地投入。在教学内容上，尽可能把理论与实践结合起来，他非常注意从现实生活中提取素材充实到教学中去，使教学充满人间烟火，充满人情味，学生喜欢，因为贴近生活，贴近学生；在教学过程中，充满激情，可以说是激情四射。他上课不用话筒，但比用话筒的音量都高。这样充满感情的讲授，特别容易感染学生，影响学生。

其次，他能够做到处处留心皆学问。能够从电视广播等媒体吸收素材，他经常自己带个小本子，想起什么就记在本子上。是一个很好的习惯，值得我们学习和借鉴。

最后，他能够满腔热忱帮助他人，尤其愿意帮助青年教师，我知道我们教研室许多青年教师，都得到了他的无私的帮助，受益匪浅。

我感觉张教授视野开阔，对新事物总是保持开放的心态，乐意接受新事物，新理念。他是一个"活在身边的理想"，他用不知疲倦的精神影响着周围的同事。

生死契阔，世事如烟。愿张教授安息吧！

丹青难写是精神

——追忆张秀林教授

李文英

2014年春天，得知张秀林老师生病住院的消息很是惊讶，印象中的张老师总是精神矍铄、步履矫健、讲话音量饱满。教师们经常赞叹："张老师的精神状态像年轻人一样。"今年春天，我们几位教师也曾在校园的甬道旁或图书馆前碰到过养病中的张老师，尽管罹患重病的张老师身体十分瘦削，看上去体质虚弱，但精神状态依然是坚韧乐观的，还是那样一如既往的彬彬有礼与谦和，言语时脸上带着温和的微笑。与病魔抗争的张老师，传递给我们的依然是信心、是希望、是力量。回想起来，多年来张老师传递给我们的，都始终是一种感染人和鼓舞人的精神力量。

我们从来都没有认为张老师已经是一位过了退休年龄的教师。因为，出生于20世纪40年代的张老师入院治疗前始终都工作在教育、教学的第一线，始终都站在他钟爱的三尺讲台上，始终都是广大学生和我们后来者敬重的良师。日常接触中，张老师身上老知识分子的那种朴素、平易、求实和热情，给我们留下了深刻的印象。同时，在这样一位生命永远定格在72岁的老教授身上更让我们感受到的始终是年轻人般的朝气和活力。因此，我们理解了塞缪尔·乌尔曼（Samuel Ullman）对《青春》的抒写："青春不是年华，而是心境""青春是生命的深泉在涌流""青春实质是心灵的朝气"。

作为教学督导和专家，张老师一次又一次深入中青年教师的课堂，无数次地坐在学生中间认真地听课、评课。听课后的张老师是那样极富耐心地与我们交流，在鼓励和肯定的同时，总是给出真诚和细致的建议。有时深入到对一个理论问题的探讨，有时具体到某一授课环节的把握。记得有一次听课后，张老师还递上了一张小纸条。小条纸上是张老师用一贯工整的字迹写下的关于某个知识点的拓展资料。身为富有经验的教学名师，张老师依然用心备好每一堂课。观摩过张老师教案的老师都惊叹于张老师教案的字迹工整、有条理、内容丰富，从中既可以看出日久天长积累和思考的印记，也可以看出与时俱进的知识更新与思想、学术前沿的追踪把握。有几次我们还看到惜时如金的张老师，在听课的间隙伏在教师休息室的桌前一边翻阅书籍和资料一边认真地做着笔记。张老师对专业理论和教学教法的钻研从没有止步，而且乐意与中青年教师分享他的心得，不吝对中青年教师的引领和帮助。从张老师身上，我们明白，教学是有境界的，对教学境界的追求是没有止境的。

我们也多次听过张老师的课和讲座。张老师讲课给人的感觉不仅是信息量大，重点突出，道理讲解得透彻又通俗易懂，事例贴近生活贴近现实。而且总是充满激情、富有强烈的感染力。他不仅是在用理论武装人，用道理说服人，用知识启迪人，更是在用激情感染人，用人格魅力征服人。这样的教学与学生心灵共鸣、精神相通，因此深受学生的欢迎和喜爱。张老师的教学不仅是用心的，而且是交心的。张老师喜欢以自己的名字“木秀于林”来开场第一堂课和一次新的讲座，这样不仅拉近了与学生的距离，而且也使学生能从中感悟一个人是需要有理想、有追求、有超越自我的拼搏精神的。如果说“教育是一片云推动另一片云，一棵树摇动另一棵树，一个灵魂召唤另一个灵魂”，那么，在张老师身上，这种教育的感染和呼唤则有着更丰富的内涵。自觉肩负教育使命和责任的张老师以美好的道德情操、良好的精神风貌、严谨的学识风范、不懈的人生追求，感染、引导、熏陶和激励着学生，他崇德修身，是令人敬重的学问之师、品行之师，书写出了充满光彩的教育华章。

毛泽东曾强调：“人是要有一点精神的。”我们从张老师身上感受到的就是一种难能可贵的精神力量。张老师身上那种不甘平庸、坚忍不拔、勤奋敬业、恪尽职守、奋发有为、永不懈怠的精神永远值得我们学习。斯人已去，精神长存！

永远的怀念

——与张秀林教授交往二三事

汪永芝

2004年我来华北科技学院工作，由于工作关系开始与张教授相识，从此，张老师给了我生活和工作中无微不至的关怀和激励。

刚到华科时，一切都觉得那样的新鲜和好奇。在第一次参加系里例会的时候，记得一位头发花白、面容慈祥的老人，衣着简朴。经介绍，我才知道这位老人就是我们思政教研室的张秀林教授。虽然是第一次见面，但张老师待人接物的亲切和谦逊给我留下了很深的印象，也让我们一起报道参加工作的年轻同事们对未来的教学工作充满了信心。

接下来的一段时间，为了尽快提高自己的教学水平，作为新教师，我陆续去听一些老教师的课。当走进张老师的课堂时，发现张老师在上课铃响起前的十多分钟一直“毕恭毕敬”地站在教室门口，面带微笑地迎接每一位来上课的学生，我终于明白了，为什么张老师的课堂总是没有学生迟到。铃声响后，张老师快步走向讲台，环视教室后，仍然面带微笑，随着一句“同学们好”，他的腰深深地弯了下去。接下来，张老师从他那早已褪色的布包里拿出手机，当着同学们的面，他关掉了自己的手机，“要求别人做到的事，自己必须做到”，这句话总是挂在张老师的嘴上。大家都知道，这位老者其实是在用以身作则的实际行动向同学表明，不要让手机干扰了我们的课堂。张老师在课堂上时而慷慨激昂，时而娓娓道来，给我印象最深的是，张老师在课堂上对各种统计数据总是信手拈来，各种时政要闻总是那么恰当地成了他的课堂案例。两节课中时而掌声如雷，时而寂静无声，时而啧啧不断，时而唏嘘不已。整个课堂生机勃勃，让人流连忘返，在不知不觉中两节课已经结束了，想不到思政课也能这么精彩！

张老师不仅对自己的职业有着无比的热爱，而且也非常乐于帮助年轻教师成长。一同作为思政课教师，我有幸亲自得到张老师的细心指导。至今还清楚地记得张老师第一次听我课的情形：作为一名新教师，由于各方面因素，面对学校督导来课堂听课，难免会出现紧张和不自信的情况。还记得当时刚打铃上课的那几分钟内，看到两个校督导坐在教师后排时，心脏好像一下子要跳到嗓子眼，前一天晚上备课的内容在我的脑海里变成了一片空白，紧张得不知道要说什么，汗珠也从我的脸上开始渗了出来。正在这时，我恍惚听到一声熟悉的咳嗽声，我定睛一看，张老师正微笑着看着我，而且我还看到了他的右手大拇指竖了起来。那一刻，我忽然镇静了，在最短的时间内把精神调整到了最佳状态，比较顺利地完成了授课任务，结束了那一节思政课。课后，张老师告诉我，上课紧张是新教师的常见现象，只要课前备课充分，再增加些自信，就不会出现紧张的问题了。从那以后，十几年来，在课堂上再也没有出现过紧张的情况，即使校领导莅临课堂，我也能够做到临场淡定，自信满满。

张老师为人谦和低调，乐于助人，这一点大家有目共睹。那时候学校为每位教师配备了导游用的那种扩音小喇叭，有一天在上课前，我突然发现随身带着的小喇叭出了问题。在一百多人的大教室里没有扩音设备是无法想象的，在我的隔壁上课张秀林老师得知情况以后，把他的扩音喇叭拿给了我，我知道他也很需要话筒，尤其他的嗓子一直不好。无论我如何推辞，张老师仍然坚决把话筒给我，理由是“我的嗓子早练出来了”。拿着话筒，我的心里热乎乎的，只有在心底里暗下决心：一定要努力讲好每一节课，这样才能不辜负张老师的一片热心。

已退休被返聘的张秀林教授，老骥伏枥，志在千里，仍然和我们年轻人一样，坚持奔波在教学工作的第一线，从未间断。人老而心态是年轻的，他整日乐呵呵的，对生活充满了热情，最让我感到震撼的不是他的学识修养，也不是他的著述丰厚，因为我以为这些应该是大多数教授的共性。他治学的严谨和对教学工作的热爱，几十年如一日，这才是最令我心灵震撼的。我知道，对于人生来说，不仅要追求生命的长度，也要追求生命的宽度，更要追求生命的高度，而这个高度就是精神追求，也是敬业的精神和对事业的热爱。在张教授的影响下，通过这些年的努力，我已经看到了自己的进步，让我更加坚定了这样的信念：人生的境界是需要不断学习提升的。

在张教授生病的日子里，我和同事去家里看他，当时，他的身体正处在衰弱状态，谁能料到，这竟是张教授与我之间的最后一次的见面。从讣告里突然得知张秀林教授逝世的消息，使我惊诧得半天缓不过味来，虽然以前也知道张教授病危，预感到可能来日不多，但当这一天真的来临时，我还是不敢相信这是真的，不敢相信张教授真的已经永远离我们而去。

张教授虽然离开了我们，但他对教学的热爱、治学的严谨、为人的谦恭、品德的高尚和生活的简朴等却永远激励着我们，是我们取之不尽、用之不竭的精神财富。在张老离开我们后，用这点文字，永远怀念敬爱的教学名师张秀林教授。

一座标杆

——缅怀张秀林老师

赵　英

“春蚕到死丝方尽，蜡炬成灰泪始干”，我觉得这是对张老师一生最为翔实的写照。当初，在得知张老师动过大手术后，我们几位同事相约到家中探望。在交谈中，张老师仍然表示，活到老、讲到老是他的人生追求，等将来身体好些了，希望能够重回讲台，继续自己热爱的事业。如今，张老师离开了自己奉献一生的讲台、离开了大家，但他的谆谆教诲、音容笑貌犹在眼前，在每个人的记忆深处。

2003 年我到学校任教，来到了思想政治理论课教研室，见到了张老师。那时自己很年轻，也是刚刚离开学习多年母校的学生，在教学方面经验很欠缺，能力也有待加强。到学校之后，不论是教研室的同事，还是学院的督导，都告诉我说要多去听张老师的课，好好学习。所以，没有课的时候，我经常去听张老师的课，从中获益颇多。

张老师是非常敬业的，我想这一点不论是谁都无法反驳。他的敬业体现在各个方面，不论是课堂教学还是课后辅导，不论是批改作业还是登记成绩。每次上课之前，张老师都会提前到达教室，做好课前准备。尤为难得的是，上课之前，张老师都是在教室门口等待学生进入教室的，充分体现了对学生的尊重。张老师讲课非常有趣、生动，每次开讲之前，都会向学生介绍一下历史上的今天，既增加了知识又吸引了同学的注意力。课后，对于同学所提问的问题，张老师都是耐心地予以解答，悉心教导。在我的印象里，张老师始终讲课一丝不苟，态度端正。

教案和名册记录清晰，整整齐齐。这种态度尤其值得尊重，教学很多的细节大多数人都可以做到，但是不是每个人都能想得到、做得到的，难能可贵的是张老师几十年如一日地坚持，把平凡的事情做得不平凡，在三尺讲台上育人解惑，春风化雨，迎来桃李满园。

张老师的一生，是谦和的一生，是正直的一生，是奋斗的一生。多年来，在教师这一神圣的岗位上，他勤勤恳恳、踏踏实实、兢兢业业。他是一座标杆，是我们不断学习和努力的目标和榜样。

我的“经”师张秀林

郑跃涛

听说张秀林老师去世的这个消息以后，我内心莫名的一紧，一个我们身边的人就这样离开了我们，真的是感触良多。

还是在学校宣传部工作时我就知道了张老师的大名，是被很多人所尊重并推崇的，因此我很想知道张老师是什么样的人。我第一次见到张老师是一位思政课教师，他来宣传部借资料，宣传部有很多思想政治方面的资料。张老师中等身材，圆圆的脸，灰白的头发，略微有点驼背，精神矍铄。他进来之后对每个人都问好。这次见面我对张老师由衷的尊敬了。首先是张老师对待学习一丝不苟的态度，其实张老师当时已经是教授和学校的教学名师了，按理说顶着这么耀眼的光环，张老师完全可以不用这么辛苦地查资料。但是张老师对每一个有疑问的问题都要弄清楚，这种精神值得我们学习。其次，张老师还平易近人，非常和蔼，没有架子。他对每个人说话时，总是面带微笑，给人如沐春风的感觉。

几年以后，我因为工作调动来到人文学院也成为一名思政课教师，但是角色转变得不是很成功，我讲课的效果不是很好。后来，我想到了张老师。张老师讲的课我听过，可以说是非常有激情，很多学生都爱听。我为什么不向张老师取经呢？不过，这个时候张老师已经是学校督导了，我内心还有些忐忑，不知道张老师能不能帮助我。我找到张老师把来意说明后，张老师痛快地答应了。他说先听一次课再说。张老师听了我的课以后说，“郑老师，你的问题我知道。你本身储备的知识没有问题，主要是你要放开。”他还以身说法，他自己以前性格内向，但是到了讲台上就要“人来疯”，这样才能吸引学生的注意，才能取得好的教学效果。之后，我认真学习张老师的教学方法，也逐渐得到了学生和督导的认可。我真心感谢张老师对我的帮助。

张老师不仅关心青年教师的成长，更关心学生的课堂学习。我认识的一位学生私下跟我聊起了张老师的时候，他说张老师的公选课“文化大革命简史”我一次都没缺过课，很多同学也很少缺课，我很惊讶，因为如今的大学校园里逃课也不是什么稀罕事，某些学生甚至说什么“选修课必逃，必修课选逃”。这个同学道出了其中的原因。他说，张老师特别平易近人，他在课上说的第一句话就是：感谢同学们来上我的课。同学们觉得一下子和张老师的距离就近了。还有，张老师讲的“文化大革命简史”是他自己经历过的事情，由他说出来感觉特别真实。可以说，张老师以自己的言行影响着学生，让他们成才。

就是这样，张老师的一生在三尺讲台上走过去了，我想用一些词汇来说一下我眼里的您，但是想了好久却想不出伟大的适合的词来给您，不是因为我不知道怎么说，是因为无论用什么华丽的词汇都描述不了您完美的一生。您走了，却给我们留下了最美好的回忆，您生动的课堂，您留给我的如何为人师、如何承师道的教诲！

有的人走了他还活着

李彦军

张秀林老师走了，带着未完成的、已布置的任务遗憾地走了，带着华科同学的和教师的依依不舍的情谊走了。华北科技学院建校以来，第一次以党委名义发文纪念他。号召大家学习他的先进事迹。此刻臧克家的诗句，涌现在我的脑海，浮现在我的眼前："有的人走了他还活着"。在华科北区我住过十多年，很幸运张秀林老师也住在北区。经常看到他和老伴穿着朴素的衣服牵手到食堂吃饭，散步于校园。我的外甥女曾看到这一幕，给我说这个场面好动人。

张秀林老师讲授思想政治课。大家知道思想政治课非常不好讲，因为它的内容抽象、教条、不易讲解。可是张老师却将抽象的政治理论，与实际生活联合起来，讲得非常具体灵活。学生们爱听，效果非常好。其中一个学生第一次听完张老师的课后，就给家里打电话，给同学发短信，告诉他们这是他目前上学以来遇到的最好的老师，没有之一，激动难以言表。一个老师能够得到学生如此评价。要是我的话这一辈子没白活，值了。

据赵家振老师讲：他经常与张老师交流看法探讨问题，张老师随身带着一个小本子，经常做记录。为了上好一堂课，会查阅大量资料，进行认真地分析总结。课堂上，用对比的方法让学生的理解加深对社会主义道路的认同感。用新中国成立 65 周年的事实，理解加深对中国共产党领导的认同感；用改革开放的八大好处，让同学们理解加深对改革开放道路的认同感。

学校督导郭永吉老师对张老师的课堂讲解内容做过总结：上次课与本次课的衔接过渡，节课重点是什么，难点是什么，学生应掌握哪些内容，总结本课内容。这五个环节充分体现了教学规律性。

作为北京师范大学毕业的张老师，一生践行了北师大的校训，“学为人师，行为世范”。在其教学生涯的四十多年中，每次上课前五分钟会站在教室门口迎接学生到来，如同列车乘务员在车厢门迎接乘客。

张秀林爱人无工作，他从来未要求学校予以安排。自从生病住院，却让赶来陪床的儿子回去，以免影响本职工作。学校代表去看望他，他却说未完成教研室安排的教学任务，给学校添麻烦了。

远学英雄、近学榜样，张秀林老师勤俭朴素、无私奉献、爱岗敬业的品质，值得我们一生去学习、去思考、去传播，他的精神不朽。

用生命拓展“教育”的内涵

刘宏伟

我校教学名师张秀林教授一生深爱三尺讲台。多年来始终坚守在教学第一线。他兢兢业业，潜心钻研，关心同事，热爱学生，艰苦朴素，勤俭感恩，是全体教师的优秀代表。

“提前五分钟”站到教室门口等候学生上课，看似事小，如果长期坚持，那将是怎样的一种精神。这位老教授坚持在门口迎接学生四十年了。一件小事表现出张教授热爱学生、热爱教育事业。把教书育人作为一辈子最重要的事业。

“零岁出场亮相，十岁天天向上，二十岁远大理想，三十岁发奋图强，四十岁基本定向，五十岁处处吃香，六十岁告老还乡，七十岁打打麻将，八十岁晒晒太阳，九十岁躺在床上，一百岁挂在墙上。”和新生见面时，张教授总爱用这样一段开场白和学生拉近距离，并给人启示。时光易逝一定要珍惜！

张老师每天时间排得满满的，但不管多累，都坚持课前五分钟的独特课外教育，这不是作秀，是一名七十岁高龄的教育工作者，日复一日年复一年的在用身体用生命给学生上课，给我们上课。我们习惯了“尊师重教”。但是一个七旬老者，都用生命拓展了“教育”的内涵，那就是“教爱”学生！

“桃李不言，下自成蹊”。张教授对学生、家人、同事的无声教育。影响了一批又一批人。

张秀林印记

方秀珍

张秀林教授于2015年5月15日永远地离开了我们。学校展开了一系列向张秀林教授学习的系列活动，通过这些相关的活动使我又一次地走进张秀林教授的生前生活中，他鲜活的精神形象总时时地萦绕在我的脑海里。

初识张秀林教授是我2006年刚刚来到华北科技学院时。作为一名刚来华科的新老师，系里组织了一次老教师给新教师的“启蒙”课。这位老教师竟是我们的张秀林教授，使我没有错过受他“洗礼”的机会。张老师身着朴素，穿着一双可能是手工缝制的黑色布鞋。他走到讲台开始讲话之前竟向我们鞠了一躬，我记得当时我很吃惊。我现在想起张老师真的是爱他的每个学生，包括每一个受他恩泽的人。他给我们新教师讲的那次课自始至终都声音洪亮，满怀激情，思维活跃缜密，话语精彩、振奋人心。谢谢您，我们敬爱的张秀林教授。

至此我记住了他，每次碰到他的时候我都和他打招呼，他每每向我微笑并同时身体微微向我一侧倾斜，我打心眼里敬爱这位和蔼可亲的长者、老师、亲人。我又像注入了新鲜的血液一样投入到我也同样爱的教书育人的事业中。谢谢您，我们可敬的张秀林教授。

由于我和张秀林老师不在同一个系部，他的事迹是通过系里请张秀林教授的长子张勇老师给我们讲述时才了解到。他从小受病痛之苦但仍不忘学习，从小就有教书育人的伟大理想并终其一生为之奋斗，临去世前还在学习。我听到这儿的时候心为之一颤，我真的被感动了，为了教授育人时时不忘提高自己，而我呢？我惭愧，我脸红了，我甚至有些恼怒自己。谢谢您，张秀林教授，您去世后仍给我们留下宝贵的精神财富。

张秀林教授有一个座右铭就是“走自己的路让别人说去吧”。伟大的张老师您在追求自己热爱的事业过程中放弃了多少人认为你“呆”的东西啊？而您只一句“走自己的路让别人说去吧”就轻轻释怀了，您的这种境界就够我学习一辈子的啊！张秀林教授您一路走好，我们永远怀念您，让您的精神在华科一代代传承下去。谢谢您，伟大的张秀林教授！

一名德高望众的老教授

王秀玲

张秀林是一名德高望众的老教授，一位尽责尽职在教育事业中的老党员，一位坚守在岗位上的教学名师。他离开了心爱的讲台，燃尽了最后的能量，为党的教育事业奋斗了一生。

记得张秀林老师在有色冶金干院并入华北科技学院的时候，在学校礼堂做了一场精彩的演讲，在座广大师生静静地倾听，礼堂没有一点杂音，有的只是张秀林老师井然有序的内容和娓娓道来的声音，大家都为他充实而详尽的内容所吸引，被他认真准备的演讲内容而折服，集体受到了一次思政教育、历史教育、人文教育、美德教育，令人受益终生。

张教授在自己的讲台上默默地工作，在自己的岗位上默默地奉献。他为了讲好每一堂课，每天都在新闻频道关注国家政策、国家大事、时事政治、新闻舆论导向，其他频道的电视内容很少能占用他宝贵的时间。在每天的读报时间，张老师总是点燃一盏小灯，舍不得点燃大灯。在日常的家庭生活中，张老师节俭有德，艰苦朴素，真正做好了为人师表，教书育人的典范。张秀林教授除讲好自己的政治课理论课外，还经常为党员和广大学生做讲座、做报告，每次他都精心准备，不许家人半点打扰。即使是老伴和儿子也不能比听众比观众重要。他常和大家说的是大家都没有那么多时间来听你的报告，你要是不好好准备，实在对不起大家。每次讲座，都是张老师经过绘制的一幅幅艺术作品，既那么饱满又那么色彩斑斓，没有理由不打动观众和听众。

张老师是学校的一名督导教师，督导督导既督又导。他在检查老师的课堂，听取老师的讲课后，总是给予细心的评价和耐心的指点，真正使得青年教师们得到有效的帮助，得到真正的提高。在学校几次评估工作中都有张秀林教师认真负责的身影，我们也得到了张老师的帮助多多，评估前的指导，评估后的整改建议在我们的头脑中，历历在目。

我们的教学工作需要这样的好老师，我们的评估工作需要这样的好老师，我们的学生需要这样的好老师，我们的教育事业需要这样的好老师，我们华北科技学院需要这样的好了老师。在张秀林老师去世后学校领导教师学生纷纷去送行。一位马列老师，一位不担任辅导员、班主任的老师，一位不在教导岗位的老师，受到的敬仰、爱戴、怀念，实属张秀林老师的人格魅力，我们深切怀念张秀林教授！

最美教师张秀林

马红梅

作为华北科技学院的一名教师，能够与张秀林老师在同一所大学里工作和学习，我内心十分的高兴与自豪。作为张老师的一名同事，在他的身上有我们需要学习太多的东西。在平时，无论是学生还是老师们之间的相互交流，对张老师都是极高的评价。作为我党的同志，这位老同志始终保持自己的坚定信念，为党奋斗终生。在教育事业上做出自己的贡献，在讲台上一站就是一辈子。这位和蔼可亲的老人，把教书育人作为毕生的信念，他始终保持着兢兢业业、潜心钻研，关心同事、热爱学生，艰苦朴素、勤俭感恩的精神，用自己的实际行动影响我们每一名教师。在我心里，张秀林老师就是我们在寻找的最美教师。

平时在校园里会碰见张老师，无论春夏秋冬，他都是一身朴素的着装，拎着一个公文包去给学生上课或者作为一名督导听教师们的课。听一些上过他的课的同学讲，张老师讲的“文化大革命简史”特别好。每次上课前，张老师将黑板擦干净，写上关键词，回顾上节课的重点；张老师都会去门口迎接同学们的到来，用微笑欢迎同学们来上课；打上课铃后，张老师还会向同学们鞠躬对同学们的到来表示敬意。这门课是一门选修课，但总是座无虚席。那么多同学在认真听课。而张老师的讲义都是自己的一点点用手写出来的，在空白处总是能看见张老师自己新加的内容作为补充。每次课上张老师都会以饱满的激情讲述“文化大革命”以来的事情，有时会把自己的亲身经历与同学们分享。课堂内容十分丰富，同学们更容易接受。我认为在课上，学生不仅学到知识，更重要的是张老师的严谨的教学态度，教书育人的精神打动了每一名同学，还有张老师身上的精神是值得我们学习的、作为学校督导张老师会早早地走进教室，在最后一排听其他老师讲课。他会走到讲台和任课老师说一声要听课，和老师讲不用紧张。在最后一排，张老师边听边做笔记，在课后与任课老师交流，提出自己的意见，指出老师们的不足之处，对一些好的教学方法也十分的赞扬，任课教师听了张老师的点评十分受益。

最后一次见到张老师是在学校的30周年校庆大会上，那个时候的张老师已经受疾病严重的困扰，但张老师依然坚持参加。在会上，张老师的身体明显不如以往见到他那么好，苍老了许多，孱弱的身躯不能完全撑起他的衣服。会上张老师的讲话打动了每一位老师，他把教书育人作为一生的信念坚持下去，把知识传给每一位学生。在教育事业上奉献出自己的全部力量。

不久后看到了学校发出的讣告，张老师逝世的消息令我难以相信。张老师的逝世使我们的党少了一位好同志；我们的学校少了一位优秀的教育工作者；我们的生活里少了一位和蔼可亲的老人；同学们的课堂也不会再有一位花甲老人在激情澎湃的讲述自己的亲身经历。张老师的严谨的教学态度，兢兢业业的工作精神，艰苦朴素、勤俭感恩的高尚品质值得我们学习。最美教师张秀林，深深怀念我最敬爱的张老师。

做一个真实真诚的人

柳　锋

跟张老师第一次接触是在我刚入校的时候。有一次下课，看旁边大教室满是学生，而且都是坐在前排，心想一定是不错的课程，就留下来听了一会儿，是张老师的“马概”课，果然很精彩。最大的感受是张老师人和课都很朴实，讲的大道理不多，都是结合生活的一些真实东西，这是他给我的第一印象。

以后和张老师又有了一些接触，主要是他作为督导，对新教师进行指导，感觉他是一个温和又严厉的人。无论是听我课后的评价，还是期初期中教学检查，语气都很温和，态度中肯，但问题却一针见血，毫不回避。对教案和教学日历中的小问题也能明察秋毫，对我们的成长有很大的促进。

这次得知张老师病逝的消息感觉很突然，因为不久前还在课堂上还见过他，后来得知是他一直坚持上课，直到病重才中途调课。

最近看了很多学生们在网上对张老师的留言，感到了一个平凡而又伟大的老师，感受到作为教师的荣耀，同时，也对自己今后的教学生涯有了新的、更高的目标和要求。

做一个真实真诚的人，做一个受学生爱戴的老师，做一个有技术有文化更有修养的老师。

谨以自勉。

记忆中的张秀林教授

宫新勇

张秀林教授讲课时喜欢用自己的名字做开场白。三国时期李康的《运命论》里写道："木秀于林，风必摧之。"他常对同学们说："优秀的人往往会受到别人的非议和排挤，所以当大家遇到外界对自己的指责时，不应该感到失望和灰心，与其埋怨，不如实干，等到自己有一天经历风霜的洗礼后成为参天大树，别人就会刮目相看。""与其埋怨，不如实干"，是张秀林教授的座右铭。几十年来，没人听到他对工作、生活、身边的人抱怨过一句，只看到他勤勤恳恳、任劳任怨地忙碌于讲台的身影。他说："我一直搞政治理论研究，是唯物主义者，不相信来世，这一生，只要是对国家对社会有利的事，我干什么都可以。"

多好的老师呀，能不值得我们学习吗？

他的儿子说，父亲对他们的身教胜于言传，他很少用严厉的语言教育孩子，更多的是告诉他们，要踏实做人，勤奋做事，乐于奉献。"在父亲的心里，总有奉献两个字。"他说。

对，我们都应该讲奉献，特别是我们做教师的。

张秀林老师对待工作的责任心令每一位了解他的人为之动容。一位学生在缅怀活动中回忆，他曾在一个冬日的正午遇到张秀林教授拎着包走进教室，便问道："张老师，您怎么还没回家？"张秀林乐呵呵地回答说："下午还有课，阳面的教室暖和，我在这里眯一会儿。"

学校里有很多老师往返于北京市区与燕郊之间，几小时的车程，而学校的课常常要上到晚上 9 点多，很多老师往来不便。当时已经六十多岁的张秀林教授主动要求学校将周末课和晚间课尽量安排给自己，他说自己家离学院近，比较方便，由于他的奉献，很多家庭有了更多团聚的时间。

现在，只有厚厚的一沓手写的教学讲稿还记录着张秀林教授的辛苦与热爱，每一页都工工整整，每一页都有备用于批改的留白，有些地方批注满了，还粘有备注的增补页，这些成为对张秀林教授永远的记忆。

用生命和誓言守候

刘永涛　（电信专业01－2班）

时光荏苒，岁月如梭，张老师与我等师生情谊转眼已十三载。2015年5月初闻老先生病逝，心情无比沉痛。

虽人固有一死，但对先生而言显得如此突然。直到先生病逝前夕，路上偶有遇到，唯感觉老人凸显消瘦。后来知晓老人病重，已到晚期，直到不能自已，之前一直奋战在教学一线，站在他用生命和誓言守候的三尺讲台。

今天刚好书记让写点什么，思绪已然飞回2002年。当时老先生还尚未退休，教授我们“毛泽东思想概论”一课。从课程开始初期，每堂课上张老师都是妙语连珠，使原本枯燥的课程听起来津津有味，笑声满堂。犹记一次在二号教学楼阶梯八教室，电子专业四个班上大课，先生课上边讲边与大家交流。期间问到一个问题，我们的二号教学楼是不是燕郊最高的楼房？有同学说是，有的说不是，有的模棱两可。记得当时我坐在第二排刚好在老师前面，回答了一句“暂时是”，张老师立刻表示说的好，并引回到我们课程，让大家用发展的眼光辩证的思想去看待这个问题，不加限定就没有最高的存在，记录摆在那里就是要被超越的。每当看到教学楼就想起了先生此话。看看如今燕郊高楼林立，无不在印证着这一切。深切体会到先生授课不拘泥于形式，所授知识与思想使我辈深感受益终生。

毕业以后虽然留校任教，但与先生接触不多。偶然机会先生学校北区新置换的房屋，入住后经常出现停电现象无法解决，找到学院郭海文老师。郭老师与我前往先生家查看解决。当得知我是他的学生已然留校任教时，老先生无比高兴，显得很是欣慰。到先生家后看到家里面装饰物品极为简朴，先生爱人非常客气。问及为何以先生的资历选了一个顶层的房屋时，先生说，自己是党员，年龄也大了没什么可争的，别人选剩下了的给自己就够了。这一番话淳朴无华，他在用行动证明着什么是一名真正的共产党人，什么是一名优秀的教师，什么是一名真正意义上的教授，什么叫作高风亮节。

哲人虽逝，风范长存。张老师在教育的园地里辛勤耕耘一生，春风桃李满天下，给我留下了巨大的精神财富。虽说张老师离开我们已近半年，但他的音容笑貌、言谈举止，却依然萦绕于耳际、浮现在我的眼前。

张老师曾说："教育是一片云推动另一片云，一棵树摇动另一棵树，一个灵魂召唤另一个灵魂。"我辈唯有继承先生之精神，身体力行，争做一名优秀的教师，争做一名优秀的共产党人。

唯以此文向先生致敬！

先生已逝　精神永存

——缅怀张秀林老师

慕向斌

与先生相识于10年前。10年前，来到华北科技学院求职，对京畿之地的向往忽视了灰蒙蒙的天空，自然植被当然比荒漠干旱的北方气候好一些，校园的人文环境就成了最主要的考量指标，试讲环节初识了张老师。张老师是一个朴实、谦和、充满活力的人。衣着整洁但不奢侈，话语不多却饱含智者的启迪，精神饱满俨然不是一个即将退休之人。这是学校人文精神的一个代表，有长者尊严，有学者风范。

与先生交往于10年中。这里的夏天很热，在有些人看来，蝉鸣像是和声，我倒觉得像是酷热的报警器，听到蝉鸣就顿感热浪压顶，透不过气来，想想还是内蒙古草原的凉爽。由于工作调整原因，与张老师的联系并不多，偶遇在上下课的路上，会热情地打招呼，一声热情的"你好"，虽然在匆忙的路上，立觉清风拂面，他的活力和他的精神让你看不出酷热在哪里，因为遇见，是在上课或者下课的间休时间，张老师的专注一定在课堂上，在学生的身上……所以，他没有感觉到酷热，反而给了我一袭清风。

在我的记忆中，印象最深的是听张老师的课。那是一堂新生的课，一进教室，120多人的合班座无虚席，铃声响起，一个略带沙哑却贯着中气的声音冲击了耳鼓，"木秀于林，风必摧之；堆出于岸，流必湍之；行高于众，众必非之"，张老师以别开生面的方式作了自我介绍。后来，这成为大家共识的张老师自我介绍的标志性语言。再后来，我渐渐明白思政课教师要想真正上好每一堂课，每一个环节都要精心设计，学生如璞玉，要有匠人精雕才成器，张老师就是一名优秀的精雕师，渊博的学识、丰富的阅历、对教育事业的忠诚、对学生深沉的爱都成为一名精雕师必备的素质，他以言传身教为刻刀，在日复一日的工作中付出汗水和心血。作为教师，我们或许都曾不断努力，试图赶上甚至超越，但现实是，讲课的形式或可以模仿，讲课的内容可以充实，但个人的风格无法复制，张老师就是名副其实的标杆，激励后人不断提升。

记忆中的先生是久远的。他的生活态度是积极的。俗语“人在衣裳马在鞍”，但他就是普通的便装，就是那个年龄段绝大多数知识分子的着装。他的形象已经定格在同行、学子的记忆中，不需要外在的着装来提升。无须华丽的词汇来修饰，“勤俭、乐观、向上、友善”就是生活中的张老师。

他的敬业精神是永存的。我认识的张老师是一直工作在教学一线的张老师，讲台上、讲台下都不曾离开过教室，没有离开过学生，没有离开过他热爱的教育事业。在我的印象中，他从未曾老去，音容笑貌依旧那样鲜活。

先生已逝，精神永存！

桃李篇

一封无法收到的信

亲爱的秀林爷爷：

我们好久都没说过话了，您最近还好不？记得去年暑假回燕郊看您的时候，您已经恢复得挺好的，我们还约定说今年暑假再回去看您。可是，世事难料，在5月15日下午6点多接到张勇老师的电话，说您于当天早上6点多不幸去世了，是熬干的。我当时失声痛哭，觉得怎么可能，不是说病情已经好转了吗？不是说我们今年暑假再见吗？没想到去年的一别竟成了现在的阴阳两隔，每每想起这件事，我就很痛恨自己，为什么没能早点回去看您？去年您送我们走的情景历历在目，您当时身体还没有完全恢复，但是为了能送我们，您不敢走外边的马路，因为太晒了，您选择走地下停车场，也坚持送我们一程。您一直都是这样，什么都想着别人，却从未为自己考虑一点。

第一次见您，是大二我选了您的公选课，当时好多人上课，估计都是慕名去的，我属于误打误撞的，当时还不太了解您，也不知道您在华北科技学院有那么大的名气，有那么好的人缘。记得您上课跟我们说过的两句话，我印象深刻，一是“您是个共产党员，您对党宣过誓的，要为党和人民工作五十年”。您不是说说而已，您一直在身体力行，直到那天下午查出自己得了癌症，上午还在上课，只是不舒服了，才得知自己已经生病了，您赶紧把课调给别的老师。您一辈子都在奉献，都在操劳，直到最后生病了才休息。另外一句话是“您会提前五分钟到教室，并站在教室门口欢迎大家”。的确如此，您上课从来没有迟到过，都是提前去的，站在教室门口，做着请进的动作，您是一位老教授，当时快 70 岁的高龄，但是却一点架子都没有，那么和蔼可亲，那么谦卑有礼，把学生当成自己的孩子。

政治是门很枯燥的课，有些教师或是念课本，或是念 PPT，而您却把枯燥的政治课上成了另一种风格，学生听得津津有味的。您上课从来都不用 PPT，虽然您会把自己上课要讲的东西一笔一笔地写在本子上，但是您上课从来也不会看。每次上您的课，都如同在听一个精彩的演讲，您激情澎湃，学识渊博，旁征博引，讲很多历史事件、故事或者案例，把枯燥的政治课讲得生动形象。您是我们学习的榜样，您是教师的楷模，给我们留下了太多的无价的宝贵财富，您的治学严谨、无私奉献、认真负责、任劳任怨的精神会一直与我们同在。

我们开始熟悉彼此，是因为您不会用电脑，让我帮您录成绩。您每次都很谦虚，“您”“请”经常挂在嘴边，我都不好意思了，您是老教师，而我只是帮个小忙而已。我们渐渐熟了之后，我有什么事找您帮忙，您不管方便不方便，总是义不容辞，有些时候自己解决不了的，您还会让我找张勇老师，这些我都默默记在心里，您虽然不会给我讲什么大道理，但是您的潜移默化、身体力行已经胜过无数的言语了。

这些都是我们在外边的表面的接触，真正熟悉您是您请我们去家里吃饭，那是我第一次见到生活中更平凡的您，再一次被您的人格魅力所吸引。阿姨没上过多少学，您虽然是北京师范大学毕业的，并且是位教授，但是您从来没有因为自己的地位而摆架子之类的，而是和阿姨相濡以沫，同甘共苦，从来不会嫌弃阿姨不识太多字或者文化程度不高，而总会对我们说阿姨很辛苦之类的话。阿姨做饭时，您会帮忙打下手，不会在一旁闲着，总是想着减轻点阿姨的负担。有什么问题时，您总是说是您的错，只会说自己做得不好，不会去指责任何人。我记得第一次去您家里吃饭的时候，您还在教我们如何包饺子，我们夸赞您的饺子包得好的时候，您总是很谦虚地说没有没有，包得不好之类的。您就是这么谦虚，不管是在教学上，还是在生活上，您已经很博学了，但是还是一直坚持向别人学习。

您从来都不愿意麻烦别人，为人低调，记得在您追悼会上，阿姨还跟我说，您嘱咐阿姨，如果您走了，就静悄悄地走，就不要告诉别人了，大家都挺忙的，不要再去别人添乱了。这就是您一贯的风格，到那个时候了，还在想着别人，您何时想过自己啊。您没有什么爱好，就是喜欢看书，写东西，看新闻联播，阿姨说，您在临走的前一天，还是坚持在看新闻联播。今年考上研究生，我在犹豫读不读，您还在鼓励我说，一定要去读，你和你男朋友会好好的，你看，阿姨和我文化悬殊也是有的，但是我们也过得很幸福啊。是啊，我听了您的鼓励，也来读了研究生，但是您却不在了。记得王秋 4 月份去家里看您的时候，您还在惦记我的事情，还在问她，我有没有决定去读研究生，还让她告诉我，一定要读。每每想到此，我都恨自己，为什么没能早点回去看您，为什么要留下遗憾。虽然您的追悼会我们去了，但是还是没能见上您最后一面，没能再好好陪您说说话。

直到现在，我都一直觉得您还与我们同在，我始终接受不了您已经不在的事实，我至今还存着您的手机号，就是觉得您还在，经常想起您的时候，总想问问您过得好不？您一直都不知道我们私底下叫您什么吧，您猜不到的，我们早已把您当成我们的家人，我们亲切地称您为"秀林爷爷"。我们也是您的家人，如果我有一段时间没有给您打电话了，您会打电话问问我的近况，不知道您什么时候学会发短信了，每年过年的时候，都能收到您的拜年短信。您走之后，我和张勇老师偶尔会有联系，问问阿姨怎么样，家里还好不？虽然张勇老师给了我阿姨的手机号码，但是我始终不敢打电话，我怕我会提起您，我怕我们都受不了。我现在在学校挺好的，您放心吧，每年暑假如果有机会，我们会回去看您和阿姨的。

那个脸上长了老年斑的，手提一个袋子，脚穿一双布鞋，喜欢手写东西，喜欢看书，喜欢看新闻联播，喜欢笑的老头去哪儿了，我们大家都想您了，您可知道？

赵盼盼

2015 年 12 月 17 日于云南师范大学

心中的大树

——悼张秀林教授

毕建传（文秘专业 01－1 班）

2001 年张秀林教授与学生在一起

有一位平凡的人
名如其人
秀林，秀林，木秀于林
他是一棵大树
人们称其为师德树
华科学生评价说
这个名字特别的响亮

问其究竟有多高
道德曾做过一次丈量
说其顶天立地
奉献的岁月里一直很阳光
我们有千万个理由
去相信这颗师德树的高度
因为有了清泉的浇灌
师德树自会茁壮的成长

师德树的高昂
离不开根系的强壮
今天的师德树之根
早已伸向了四面八方
九百六十万平方公里
就是其赖以生长的土壤
师德树的血脉
就是奔腾的黄河与长江
五岳的相加
就是师德树不弯的脊梁
这颗师德的大树
正在享受大海的歌唱

向师德树望去
那轮天边的明月
就挂在树梢之上
几十年来
是师德的高大
相伴着明月的爽朗

见证了华科的征程远航
古有多少名家
用道德的清风
吹高了树干三千丈
今有华科默默付出的大树们
用一生的奉献
扩张了师德树围万里长
国风的浩荡
吹拂着师德树的花放
三百六十五个日夜
弥漫着师德树的芬芳
都说牡丹好
可怎比师德树来的香
这种天香
凝聚着一种永恒的高尚
这种天香
凝聚着一种不败的力量
漫漫的人生之路
花香在指引华科学子们前行的方向

有了党的雨露阳光
年轻而富于活力的华科大树成林已在望
看那无边的景色
正与和谐共徜徉
看那无边的绿意
正与蓬勃共思量
无论从哪个视角
无论从何种层面

谁也无法否定这种存在
因为师德大树已深入人心
华科学子们只盼枝繁叶更茂
因为大树之下好乘凉

三尺讲台

——致我们敬爱的张秀林老师

李凤伟（文秘专业01－2班）

记不清是几月
传来一个坏消息
华科的三尺讲台
永远失去了您

您穿着蓝色的中山装
您穿着蓝色的裤子
您穿着黑色的布鞋
像一尾色彩斑斓的金鱼
像一阵温暖的清风
像一枚用烈火做成的风火轮
或游弋或吹拂或疾驰
在您的三尺讲台

您曾经盛开如今依然鲜活的生命
您红色的跃动着音符的心脏
您汩汩流淌不断不休的血浆
见证着
您用脚掌站立却用饱满而丰盛的灵魂亲吻的

三尺讲台
您和她
绝望地、心碎地彼此失去

您来是为她
您走，亦是为了她
您绽放您的生命为她
您燃烧了您的肉体为她
您是连灵魂都被她永禁的俘虏
我们却在青烟和灰烬中
闻到了您的芬芳馥郁
看到了您一生的谦卑绚丽

植物枯萎了
种子里留下它生命的气息
诗人陨落了
诗篇和诗句诉说着他才华横溢
蜡烛燃尽了
它把生命永远留在光明里
老师远行了
三尺讲台诠释着您生命的全部意义

为党工作五十年

张高山（汉语专业04－1班）

十年前，我还是一个学生
坐在教室里，听着您谆谆教诲
您说，要为党工作五十年
十年后，我已三十而立
在自己的岗位上，默默地工作
突闻，您已离我们而去

我闭上眼睛，回忆着您的画面
总是手提一个小包
总是面带丝丝微笑
总是语气铿锵有力
总是穿梭楼宇之间
总是让人钦佩不已
总是……

我走到窗边，看着波光闪闪的水面
仿佛又看到您，穿着一身朴素的衣裳
站在讲台上，拿着粉笔在黑板上写着
“为党工作五十年”

百字令·追思

——致敬爱的张秀林教授

董斌（营销专业07－2班）

忆
往昔
谁人记
尊师厚义
三尺讲台立
笑迎八方学子
论古今中外历史
纵谈中国革命政治
年逾古稀仍字句珠玑
教书育人美名响传千里
苦朴一生淡泊名与利
而今泪尽伤痛别离
华科人情何以寄
唯以校训于己
兴安安国计
立人自立
待他日
承继
此

致我们永远的老师

——张秀林教授

曾珠（安全专业 06－2 班）

“木秀于林，风必摧之”，第一节课上您是这样向我们介绍自己的名字的。

“一套中山装，一双布鞋，一个蓝色手提袋”，这是您留在我心中的教师形象。

“春蚕到死丝方尽，蜡炬成灰泪始干”，老师，乍一听闻您去世的噩耗时，这是我的脑海中立刻闪现的诗句，恰如其分地总结了您的一生，您是同学们心中最可爱的“小老头”，是我们一生铭记的恩师！

2015 年 5 月 15 日，是一个让我们心情沉痛的日子，但是我们谁都不会忘记，那一天，我们的微信朋友圈被刷屏，那么多已经毕业的学生不约而同地默默转起文章沉痛悼念您，只因您是我们最尊敬的老师！

还记得您第一次给我们上课时的情景，当时我们一群人叽叽喳喳地走到教室门口，您穿着中山装和布鞋，微笑着向我们做着请进的手势，当时我们受宠若惊、疑惑满满……可是后来日复一日，每次课前您总会微笑着站在门口，迎接我们每一个学生！您说那是对学生和教学的尊重。您的坚持让我们对课堂也更加重视！

还记得您在课堂上用铿锵有力的声音为我们朗读《共产党宣言》，工工整整地书写，慷慨激昂地向我们讲述每一段历史，您的激情感染了我们，教室里掌声不断……枯燥的思想政治课也让我们感觉到津津有味，现在回想起来，这大概就是您的人格魅力吧！

记得您曾说过，您这辈子有两个誓言，一个是大学毕业时面对毛主席像宣誓“健康工作五十年”，另一个是入党时面对党旗宣誓“为共产主义事业奋斗终生”。您说这是一生都要铭记，并且为之奋斗的誓言。可是如今，时间还没到，您怎么就舍得离开了呢？

如果把人生比作流星，老师您就是一颗闪亮的流星，您的伟大之处在于每一个和您接触过的人都能够被照亮，都能够感受到您的温暖！

都说教师是人类灵魂的工程师，是一份伟大的职业，却是如此，从您的身上我看到最多的就是一份责任和无私奉献。如今，我也成了一名大学教师，很多时候我会问自己：若干年后，有多少学生会记得我？我会成为一名怎样的教师？不求闻达于世，但求像您一样，兢兢业业，认真负责，“传道、授业、解惑”，努力通过自己的教学使学生学有所获，真正做到“授人以渔”，成为学生学习的引导者。

音容笑貌，宛在眼前；谆谆教诲，萦绕耳边。老师，您永远活在我的心中，是我教师生涯和人生路上的指路明灯！

最可爱的人

柴晓俊（采矿专业05－3班）

2015年的一天突然间在微信朋友圈看到了一则关于秀林先生去逝的消息，有点不敢相信自己的眼睛。先生身体一向很好，在上学的四年里感觉他从来没有老过，就是那个样子，一双布鞋，一个灰蓝色的手提袋，很慈祥的面容，在学校路上碰到每个人都是面带笑容。不相信那则消息的另外一个原因就是先生常说的那句“工作五十年”的口号。

记得我与先生的交集很少，在学校的时候经常听别人说先生的选修课讲得很好听。有一次晚上没课，就准备去听先生的课，但是阴错阳差地“迟到”了几分钟，教室里已经全部坐满，就能进去听课。第二学期在选选修课的时候，因为选先生课的同学很多，没能如愿。第三个学期在选课前就做好了准备，教务系统的选修课选课页面一刷新我就一直在选，终能如愿成功选修上了先生讲的“文革简史”。

记得每节课的开始先生会大大地给在座的同学鞠上一躬，当时的我们都受宠若惊般的。然后就是历史上的今天……开始正文。记得当时“文革简史”这门课是我上大学唯一没有逃过的课程，现在回想听先生上课真是作为一名学生的享受。现在先生去了，我们在缅怀他，也许在先生的学生里边他不可能认识我们每一个人、记得我们每一个人的名字，但是我可以很自豪地说我曾经是秀林先生的学生，我曾经听过他讲的课。

一年的师生缘分

刘佳（电信专业01－2班）

2015年5月，在校门口看到贴有张秀林老师去世的讣告，我的心里咯噔一下。去年听闻老先生身体状况欠佳，正在接受治疗，没曾想也就不到一年的时间，先生便走了。顿时，一个穿着布鞋、手提一个布手提袋、头发花白、脚步匆匆的形象立刻浮现在我脑海里。

在我大二的时候（2002年）张老师曾教我们“毛概”课，在第一节课，张老师提前5分钟来到阶梯教室，将手提袋放在讲台上，从里面拿出一个老干妈玻璃瓶的水杯放在桌角，然后将课本端端正正地放在桌子正中央，然后双手垂在身前，面带微笑地看着我们每一个人进教室落座。这一套动作成了张老师每节课的开场动作，也是给我们留下印象最深的标志性动作。

“‘木秀于林，风必摧之’是我名字的由来，父母对我的期望我不敢说已经实现，但是对于我教过的学生，已经桃李满天下，并且有很多已经是成功人士，这让我非常自豪。我现在是已经退休又返聘回来的，因为党和人民需要我，我就还是会站在这里。”这是张老师给我们的开场白。之后，张老师便开始了他激情澎湃的一讲。听到他的课，被他的精神所感染，很多不爱听讲的同学都被吸引过去，渐渐投入到课程当中。

张老师博闻强识、旁征博引，对一些概念和历史典故信手拈来，像历史哲学这样的东西在他嘴里非常简明易懂，还经常引用一些生活和实事方面的例子，让本身枯燥无味的政治课变得特别生动。课后经常有同学说“张老师教了一辈子的政治，很多东西都已经刻在他的灵魂深处，总是能够出口成章”。

张老师不但课讲得好，为人也很和蔼可亲，对学生认真负责，是我遇到的为数不多的一位好老师。张老师给我们授课期间正值“非典”时期，很多大班的课都停了，我们四个班的课是在阶梯教室上的，每次课前，张老师就更早地到了教室，引导大家岔开座，不要扎堆，保持各自周围的空气流通。张老师的举动无疑又给自己“加了分”，大家宁可冒着风险也要听一堂张老师的课。

回忆起这些，张老师那精神饱满、满怀激情、娓娓而谈的情景还历历在目，但如今却与我们缘尽于此……我虽与他仅有一年的师生缘分，但他的精神足以影响我以后的人生之路。“春蚕到死丝方尽，蜡炬成灰泪始干”，张老师为教育事业鞠躬尽瘁死而后已，他无愧于一名优秀的共产党员，无愧于一名优秀的教育工作者。愿先生在天堂安好！

把您当作自己的爷爷

吕水凤（国贸专业08－2班）

早上刚到公司，看到一个朋友写的说说，才知道张老师去世了，我立刻问朋友。其实，我知道这肯定是真的，但是，还是想听到朋友说不是。再次确认后，眼眶里一直打转的眼泪再也控制不住地落下来，随后问到张老师儿子的电话。拨通后我尽量按捺住自己的哭声说，我是张老师的学生，他对我特别好。2014 年 5 月份我给张老师打电话时，问他身体怎么样，他说还不错。结果……这时，我已经说不下去了。他的儿子告诉我，去年 3 月份张老师就已经知道自己得了食道癌，但他怕家人担心，所以一直都没有告诉任何人。我说，前几天我还打算回去看看他，可是没有想到，他突然就走了。

张老师，是一位普通的教师，不，他是一位伟大的教授。第一次认识他，是上“毛概”课的时候。课前，一位身材不是很高大，头发已花白，穿着超级朴素的爷爷，早已出现在门口，等待每个学生。每个学生走过来的时候，“老爷爷”都会深深鞠上一躬。大家正深感好奇的时候，上课铃响了，他干脆利落地走进教室，开始自我介绍。我们这才知道他 66 岁了，已经退休。但是因为他在大学毕业时曾经立誓，要健康工作五十年，所以，退休后的他再次回到三尺讲台。他讲课的时候，神采奕奕，饱含激情，传递的都是满满的正能量，每位学生包括我都被他打动了。下课之后，大家为这位“退而不休”的老教师所吸引，纷纷围拢过去和他交流。这当中，我无意之间看到了他正在撰写的《自传》，太多艰辛和坎坷映入眼帘，瞬间泪水就盈满我的双眼。但是，注意到我的表情后，他却冲我“呵呵”一乐，连说往事如烟，见笑见笑了。而我却笑不出来，仿佛依稀看到他的来路，一步一步，磕磕绊绊，全无坦途，走过春，走过夏，直至成为伟大的园丁，受人爱戴的教师。直到现在，退休了却仍然坚持走在育人的路上。他是我们的榜样，他给了我们力量。

张老师，您虽然走了。但是，我们却永远记得您，您活在我们每个学生心中。

您知道吗？在您的课堂上，大家最安静，即使经常翘课的学生也不会翘您的课，我想这大概就是您最大的魅力。您的宽容、理解，换来的是每个学生的爱戴、尊重和敬重。

张老师，谢谢您对我的关心和鼓励。

记得，有一天的金融课后，突然听说您找我。我还以为是您有什么重要的事找我帮忙。根本没有想到，是您听同学说我要考研，就熬了几个夜晚，亲手为我整理了好几页您已经成功考上研究生的弟子的“考研攻略”！我当时激动得无以言说，只是连声道谢。看着您渐行渐远的背影，我知道，您就是我后天的亲人，从心里，我把您当作自己的爷爷。谢谢您。

在我遇到挫折时，又是您，和我坐在校园的椅子上聊天，给我鼓励。您说，您相信不管我做什么，都会做好。所以，直到现在，每当我遇到困难时，都会第一时间想起您的话，然后勇敢快乐地迎接生活中的一切。

张老师，您朴素的着装，您上课前在教室门口对学生的耐心等候和弯腰一躬的尊重，您充满力量的讲述，还有下雨时，您那一把几乎已经撑不起来的伞，以及您和老伴并行走在校园小路上的身影，所有的这些，都组成了我们校园里最美的风景。

张老师，您还没有兑现您健康工作 50 年的诺言，您说您要活到 125 岁，您说您要一直陪着老伴儿，您许下的这些诺言都还没有实现，我还没有见到您最后一面，您就这样离开了……

我知道，被病痛折磨的您也一定很累很累。累了，就好好休息吧，天堂里没有悲伤，没有痛苦，敬爱的张老师，您一路走好!!!

我去参加了您的追悼会，送了您最后一程，听一个朋友说，大雁塔的一个高僧说一个人的离去，只是在另一个世界开始了新的生活，那么，愿您在另一个世界健康、快乐!

天堂需要一位政治老师

孙猛（造价专业 02－1 班）

上学十七载，叫过张老师的人很多，教政治的人很多，但是毕业数十年，依然被我和我身边的同学每每谈起心怀赞叹的就只有一个，那就是张秀林老师，他是一个长者，一个负责任的老师，一个活跃在校园内的“老顽童”。

2002 年那个暑假过后，我来到了华北科技学院，这个我学习、生活了三年，并且在过去的日子未来的日子都会梦到的地方。学习是个枯燥的过程，大学也是如此，这在大学开始的学习过程中同学们深有体会，本来以为无趣的课堂学习将要贯穿我们整个大学时代的时候，一个衣着朴素身量不高的小老头儿走进了课堂，开始了自我介绍：“我叫张秀林，张是弓长张，秀林有个典故，木秀于林，风必摧之，但我愿做一颗老松树，任凭风吹雨打，我自岿然不动！”当时青涩的我们听来是个笑话，这个老师真牛，但现在每每想起，便忍不住热泪盈眶。

张老师从事思想政治教育数十载，有着极为丰富的经验，他清楚地知道对于我们这些年轻的孩子来说政治课程学习的枯燥，教授政治类课程的老师对于学生来说都是与乏味、枯燥、严肃、教条……这类词语联系起来，但张老师，一个六十多岁退休数年的老人，怀揣着对事业的敬意、对学生的责任以及一颗不老的童心，竟然让政治课活了起来，于是第一堂课上到一半的时候我们便发短信叫在宿舍睡懒觉的同学赶紧过来，那引人入胜的演讲少听了一句都觉得是损失。于是我们这些年轻的学生在张老师的教学中了解了我们党和国家是经历了怎样的斗争和磨难才建立起来，我们党和政府呕心沥血用了怎样的毅力和智慧让十三亿中国人吃饱饭、穿暖衣堂堂正正地站了起来。

大学三年很快就过去了，在这三年里老师们用他们的人格魅力感染了我们，让我们彻底地爱上了这里，虽然离校后大家或是走上了工作岗位或是到了新的学校继续深造，但是学校依然是我们大家联系的根据地，可敬的老师们依然会在我们的谈论中出现，尤其是谈到张老师的时候，那股崇敬之情便会在言语中溢出，感叹、赞美，七十多岁的老人依然屹立在三尺讲台，这让我们不由自主地想起了第一堂课开始的那句话“我叫张秀林，张是弓长张，秀林有个典故，木秀于林，风必摧之……”

对于张老师的言语和感情是无法用以上寥寥数语表达的，对于张老师的离开，大家谈起总是心怀悲痛的，但我们更愿意相信，天堂需要一位政治老师。

为理想站岗到生命最后一刻

王秋（外汉专业09－2班）

初次见到张老师是在大三上学期，他教我们《当代世界经济与政治》这门课程。像往常一样，我早早地来到教室，抢占了一个黄金位置——倒数第三排靠墙的一个角落。为了抢占后排座位而早到，这是别人嗤之以鼻的事情，但因为我对政治以及政治相关课程实在提不起兴趣，所以也总是做得不亦乐乎。而且在这些课程上养成了这样一个习惯：无论春夏秋冬，总能在开课20分钟左右开始打瞌睡，剩下的几十分钟任思绪在梦境中遨游。但那次开课20多分钟后，我却没有像往常一样打瞌睡，竟然在为抢占后排这种自己之前乐此不疲的事情感到有些后悔。不同于想象中的照本宣科似的说教，眼前这位60多岁的老人没有局限于课本的条条框框，而是把这些历史事件的解读与我们现如今的生活联系起来，让我们觉得现在了解的这些事件不是只能感叹的久远的过去，而是与我们今天的甚至未来的生活息息相关的大事。让我更加感叹的不仅是这个老人新颖的讲课方式，还有他讲课时的那种激情，意气风发，指点江山，激昂文字，他毫不保留地将自己的情感融入这些历史之中，也毫不避讳地像我们传达着自己的爱憎褒贬的情感，兴奋激动处语调高昂而明快，愤怒失望时语气低沉而舒缓，我的心也随着这样抑扬顿挫的节奏一起一伏，好像这些历史一幕一幕地正在我眼前发生，欣慰、无奈、感叹，各种复杂的情绪占据了我全部的思想，哪有心思让困意偷偷挤进来。

从那以后，每次上张老师的课，我还会像往一样，早早地去占个宝座，只不过从以前的后三排，变成了之后的前三排。因为总是坐在前排，又愿意在课间问老师问题，我渐渐和张老师熟络起来，后来也和朋友去张老师家里拜访过几次。正如他给我的感觉一样，他家里的布置自然简单而又干净，靠墙的陈旧的木书柜上密密麻麻，整整齐齐地挤满了各种历史书籍以及报纸，还有他自己写的教学工作笔记。翻开那些笔记，你会发现尽管字数很多，但他的字却总是工工整整的，而且都没有涂改的痕迹。还有张老师的妻子，我们叫她阿姨，是个质朴善良的人，她虽然没有读过书，但却通情达理，正如张老师在自传中写的那样，他们的生活简单而美好。

由于大四下半年忙着出国培训，毕业论文以及各种烦琐的事情，我都没有再去见过张老师。2013 年的 5 月份去了泰国做了汉语志愿者，这么一去就是两年。再次见到张老师已经是 2015 年 4 月份，从朋友那里听说了张老师得了重病的事，我跟随着记忆找到了他那里，不安地按响门铃，门铃按响后，没有人来开门，屋内却传来应答声，“门没锁，直接进来吧！”没错，这是张老师的声音，我心一惊，小心翼翼地推门进去，只见张老师正坐在一张椅子上，整个人已经瘦得脱了相，还是记忆中的那件蓝色中山装，只是原本合身的衣服此刻却显得大了许多，整个衣服空荡荡的。他一眼便认出了我，脸上里流露出惊讶又喜悦的神色，一边示意我坐下，一边解释说自己不能走动，阿姨又出去了，怕有人过来，就没有锁门。看我坐下后，他没有谈自己的病情，而是关切地问我毕业以后的生活状况，直到看见我泛红的眼眶和再也抑制不住的泪水时，他有些愣住了，这才停下来，慢慢地说起自己的病情，他从容地诉说着，脸上没有悲伤抱怨的神色，平静得好像在述说着别人的故事。我明白他的坚持，更不忍心打破他给别人营造的这种“安全感”，便拉过他秋末落叶般枯黄干瘦的双手，强忍着不让泪水流下来……

最后一次见张老师是在中美医院，那是 4 月 30 号，我去的时候张老师干枯眼睛紧紧地盯着电视机，而电视机的音量大到震耳，阿姨告诉我张老师在看新闻，说他几十年来每天都有看新闻的习惯，如今病到耳朵听不见了，却还嚷着听新闻，这已经是最大的音量了，他却几乎听不见。直到新闻结束之后他才注意到坐在对面的我，问我什么时候来的，我比画着说刚来。这样坐了一会后，又来了几位学校的老师，我于是起身告别，张老师示意阿姨送我，并指了指我带来的东西，示意阿姨让我带走。竟没有想到这次匆匆的见面会成为最后一面。

最后一次去张老师家是六月初，距离张老师的葬礼已经半个月了，阿姨显然还没有完全接受张老师不在了这件事情，她一遍遍地翻看着张老师留下的东西，一遍遍地重复着那句话："没有想到他那么早就走了!"，一遍遍地揉着红肿的眼睛。我认真看着那些保存完好的老照片，接过她手中被泪水打湿的小册子，发现里面密密麻麻地写着写满了一些生活注意事项，比如咳嗽了吃什么好，电卡放在什么地方，水费怎么交，以及各种联系人的电话号码等。阿姨拿过小册子，动情地说："你们张老师在的时候，生活上这些事情都不用我插手的，他母亲的老照片，我们的结婚照，孩子几岁时的照片，他的团员证，都几十年了，他都收藏得好好的。他走的前几天突然开始写东西，任我怎么劝也不听，可能他自己觉得时日也不多了，怕他走后我什么也不知道。"说到这里，阿姨早已泣不成声，坐在旁边的我又开始哽咽起来……

张老师，"木秀于林"这四个字是您第一节课时对自己名字的解读，在我看来，您也用自己的一生努力地诠释了这四个字。在家里，您是母亲心中孝顺的好儿子，妻子眼中体贴的好丈夫，儿子心中慈爱的好父亲；在学校里，您是我们心目中敬业的好老师，是同事眼中和蔼的好长者；在您忠于的党的面前，您是那位没有忘记当初誓言的，为理想站岗到生命最后一刻的好战士!

“布鞋”教授

苗玉基（土木专业09－1班）

一朝良师驾鹤去，万千学子动哀容！

作为一名华科学子，不会不知道“布鞋”教授——张秀林先生，因为一双布鞋、一身中山装、一个手提袋、一位慈祥的老人，这就是先生给大家的印象，他老人家永远都是那么简朴、那么真纯。听到老先生病逝的消息，我吃了一惊，继而便陷入了深深的悲痛之中。记得两年前，我离校时先生还是那么精神矍铄，若不是了解他，绝想不到他已是古稀之年。忽闻此噩耗，实在让人悲戚万分！

行胜于言，厚德流芳，以此形容先生的一生再合适不过了。先生有长者的慈善，有师者的品德，更有党员的意志。先生让我记忆最深的就是他纯洁的党性和高尚的师德。

“今天你们多了一个名字，同志”——这句话不由得让我的脑海中浮现出先生给我们上党课时的情景。时间回溯至2010年11月学校礼堂，我作为一名入党积极分子，倍感荣幸地参加业余党校，当时的心情是无比的激动。心里琢磨着会是谁来给我们这些“苗子”上第一节党课。不一会儿，一位老者走上了台，虽然坐在大礼堂中间位置，奈何一眼就认出是那位“布鞋”教授。只见他放下一个布袋，口中念出了开头那句话，并且在说“同志”二字时，格外加重了语气。随着其讲解，我的疑云总算消散——加入了中国共产党才有此称谓，党内均多以“同志”相称。“同志”二字在张先生心中分量极重，因为在先生心中党是最重要的。先生说曾对着党旗立下誓言——要把一辈子献给党的事业。先生做到了，而且做好了！听说今春刚做完手术还未完全康复，先生就坚持授课。先生对教育工作的热爱，对党的事业的忠诚已经无可复制。先生以一位平凡的教师，完成了两件伟大的工作——传播马列主义思想和培育社会主义事业接班人。直到先生生命中的最后阶段，在身体状况稍好一点的情况下，他依旧坚持亲自上台授课。因为三尺讲台，是先生兑现承诺的殿堂，是先生传播共产主义火种的阵地，是先生培育社会主义建设新苗的良田。

还记得，先生数十年如一日地在教室门口迎接学生上课，每次上课前“五分钟”先生都会准时地站在教室门口迎接学生，先生以行动诠释了师者的品德，践行着“学为人师 行为世范”。先生开设了一门选修课“文化大革命”，那节课设在下午放学 15 分钟后开课，那正是大家吃晚饭的时间，但是先生却不辞劳苦，没有抱怨，而是用自己精彩的讲解吸引住了同学们。虽在饭点，却无一位同学迟到早退，反而是兴致勃勃地听先生讲解。因为先生总能旁征博引，联系社会，将看似枯燥的政治理论讲得栩栩如生，吸引了众多的旁听生，我也是其中一位。

“字斟句酌细推敲，捻精撮要费咀嚼”，这是我对先生授课最深的印象。听先生讲课，总会觉得时间太短，90 分钟也不过瘾。因为先生总能找到我们关心的话题、关注的时事，并且将其提炼概括融入课堂之中，以此作为政治理论之实例。这不但丰富了课堂内容，还增强了我们对理论知识的印象。而这生动的课堂得益于先生辛勤的备课，先生一直坚持手写教案，每一条理论的阐释、每个实例的引用都是字斟句酌仔细推敲而来，课堂上说的每一句话、做的每一个互动都是经过反复考量所得。故先生的课字字珠玑，几乎找不到那句话是多余的，但是少了任何一句又都不行。

呕心沥血育新苗，谦恭勤俭树懿德。先生以生命做笔，以血汗为墨描绘了自己平凡而伟大的一生。“其身正，不令而行”，在三尺讲台这一方寸之地，先生却谱写出了光芒万丈的一生。就是那个讲台见证了先生为教育事业奉献一生的情怀，就是那面黑板书写了先生对莘莘学子的慈爱，就是那摞教案承载了先生对德育发展的殷殷期盼。

先生曾说教育是用灵魂召唤灵魂的事业，先生在以实际行动召唤着我们。他用自己的辛勤和奉献树起了一座丰碑，对共产主义事业的忠诚堪为党性楷模，对学子的慈爱可为师德典范。清芬挺秀，华科增辉！斯人已逝，其风永存！

拙文不足尽先生为人治学之万一，然怀念之情唯作文以寄之。千里之外，聊慰先师！

附诗　　悼念张秀林老师

五分钟
风雨无阻
您在教室门口送来了第一抹微笑
五十载
呕心沥血
您为国家培育了思想坚定的接班人

七十年
行胜于言
为后辈树立了谦恭勤俭的典范
一辈子
任劳任怨
为党的事业耗尽了毕生心血
清芬挺秀，木秀于林，华科增辉
这次，先生远行
留下了阵阵芬芳！

怀念“张老爷子”

朱超（新闻专业09－2班）

如果你问我谁是华科最优秀的教师，我会毫不犹豫地答道：张秀林。我知道这个答案对华科其他老师不公平，但我还是要这样说——也唯有这样说，才能表达出我对张老爷子的敬佩和喜爱。

张老个子不高，体形清瘦，脸上有着老年人特有的老年斑，常年穿一身简单的便衣，表面看起来就是一个普普通通的老头。也许因为年近七旬，加上有病在身，他走起路来步态稍显龙钟——就像所有到了风烛残年的老人一样，岁月也在他的脸上映出了一副苍老的倦容。所以，如果你不认识他的话，即使在校园里与他迎面相逢，也不会觉得他有多么不同寻常。当然，这种视觉印象恰恰印证了一句俗语：人不可貌相。

作为一名学者，作为一名长者，张老被学生们尊称为“张老爷子”，乃至被直呼成“老爷子”。由此可见，他在学生心目中的地位有多高！说实话，一个受学生爱戴如此之深如张老者，在中国的大学并不多见，这正是他的与众不同之处。联想到北京大学曾有一位人称“季老”的季羡林，我愿意把张老比作“华科的季老”，虽然张老在生前并不为更多的人知晓，甚至可以算作默默无闻。但是，在我眼里，张老无论学识还是人品都是响当当的。因此，我想说的是：北大有季羡林，华科有张秀林。

余生也晚，但有幸聆听过张老的教诲。我清楚地记得，老爷子给我们教过一门课程是政治学。一提到政治这门学科，估计没有多少人喜欢，因为它实在枯燥乏味，这也是人文学科的普遍特征。然而，张老却能把政治话题说得绘声绘色，也能把历史事件讲得有滋有味——仿佛他的课堂有一种无形的魅力，比如语言幽默风趣，内容多姿多彩。最重要的是，老爷子在课堂上还敢于批判现实，敢于针砭时弊。另外，张老讲课时铿锵有力，掷地有声，和他平时与人交流的和蔼语气截然相反，也完全看不出站在讲台上的他当时已是身患癌症之人。我想，这是张老作为一名老师的高尚的职业道德所在。不仅如此，张老在每节课开始前就早早等候在教室门外了，他敬业和尽职的态度由此可见一斑。

说起来，我们和张老有过近距离的接触，那是在一次关于他的采访活动中。也正是从那次对他的访谈中，我对他的经历和生活有了更多的了解。其实，他的人生阅历不算复杂，自从大学毕业后一直从事政治理论研究和教育工作。若论学历，他是从北师大走出来的高才生；若论职称，他是名满华科的老教授。至于他的生活，像绝大多数人一样平平凡凡，似乎没什么可以大书特书的。但是，他的俭朴值得称道，因为他全身上下除了一块老牌手表就别无长物了。

学生之福，莫过于遇见良师。对我而言，能够在华科遇见张老并且听他的课，是我曾经作为一名学生的福分。在我心里，张老不仅学识渊博，敢言敢说，而且品德高尚，平易近人，所有这些个人特质构成了一个传统的知识分子形象。如果，我们的国家能够多一些像张老这样的知识分子，那就不仅是学生之福而是整个国家之福了。

“木秀于林，风必摧之”，张老最终还是过早地被尘世间的命运之风给吹倒了。是的，就是那个每天傍晚在华科校园散步的老者，如今他已去世近半年了，想想未能在他生前去看望他一次，说来有些遗憾。

愿张老爷子在天堂永享安宁！

三尺讲台　一颗爱心

杨凯（计科专业 08－3 级）

在祖国的大西北，12 月份的天气显得格外的冷。寒风中，母校赵老师的一句话深深地触动着我，我校人文社会科学学院张秀林教授于 5 月份去世，张教授那一双布鞋、一身中山装、一个手提袋浮现在我的眼帘。未能为张教授送行，那就让我用手中的笔墨，来表达一下对您的崇敬之情。

虽然四年的大学生涯早已经结束，但是讲台上那个还算硬朗的身影在我心里还是挥之不去。他那幽默的讲课风格让本是枯燥的思想政治课变得充满了风趣，那种把知识和生活、时事联系起来的教学方法，使我们收获良多。

三尺讲台，一颗爱心，放飞希望，乐此不疲。用这来形容张秀林教授一点也没错，作为一名老教授，在工作上，他爱岗敬业、认真负责。在大学学习期间，还清楚地记得张教授为我们一遍遍讲解教学知识，鼓励那些坐在后面的同学往前坐，对那些迟到的同学总是报以善意的微笑，这也是他受到大家爱戴和尊重的原因。

课堂上，张秀林教授那句“我有两个心房：一个装的是良心，一个装的是爱心”还依稀存在我的脑海。我认识一个人文社会科学院的同学，由于家庭困难，在平时都是出去干活挣钱贴补家用的，为的就是还在上高中的弟弟，导致自己的成绩一般。后来却在图书馆经常看到他，我很好奇的过去问怎么现在有时间来图书馆了，他腼腆地笑着说：“我们学院的张秀林教授知道我的情况后，拿出 5000 块钱资助我弟弟，并鼓励我不要把学习落下，所以我就不用天天出去打工挣钱了”。生活的解脱使他的笑容更多了，但是张教授本不算高大的身躯却映入大家的眼帘。为人师表，说得也不过如此吧。

张秀林教授作为一名老党员，他信念坚定、矢志不渝，用实际行动诠释着社会主义核心价值观。几十年来，没人听到他对工作、生活、身边的人抱怨过一句，只看到他勤勤恳恳、任劳任怨地忙碌于讲台的身影。他说：“我一直搞政治理论研究，是唯物主义者，不相信来世，这一生，只要是对国家对社会有利的事，我干什么都可以。”

斯人已去，精神永存。他那信念坚定、矢志不渝的精神；爱岗敬业、认真负责的态度；艰苦朴素、勤俭感恩的执着必将铭记在每位师生的心里。

一位永远纪念的老师

景向廷（汉语专业04—1班）

2015年12月9日下午，一个偶然的时机，借助微信圈，我知道了一个沉闷的消息——张秀林老师已经在这一年春天离世了。消息其实算不得突然，而且已经有某某同学送上了有关天堂的祝语，然而我的心依旧有些沉重的，毕竟他老人家给我的印象很好。“很好”：他的讲授总是充满着激情，他的激情总是饶有乐趣，他的乐趣总是深藏哲理，他的哲理总是平易近人。于是，同学们都喜欢听他的课，至少我从未感受到过哪怕一个同学对他的讲堂的不满。这样的老师，值得我们纪念，且要永远纪念！然而，时光是把无情的利剑，往往逼得我们只能行色匆匆，将生命中本是珍爱着的东西，都不知不觉中丢掉了。如此，我能忆起的张老师，也只剩下不多的片段了，努力回想着写在下面，希望对你我他都有些益处。

第一次听张老师的课，似乎是从“木秀于林”开始的，至于上的是哪门课，已经是不能记起来了。“……木秀于林！”现在，我似乎只能记得“木秀于林”了，其余的，有听得清的，有听不明白的——教室比较大，同学挤得满，不时爆发出热烈的掌声！……是的，这就是张老师的课堂：激情近于火爆。其实，有些没听明白的地方，严格地说来，可能和张老师的发音不是很清晰有关。然而，这一点小遗憾，只能更让我们敬仰。因为，那时的他，已经的确不年轻了，头发早已花白，步履似乎也是有三分踉跄了，嗓音也难免不好使了。

另一个清晰些的记忆碎片是这样的，不见得和原话完全一致，但基本相符的。张老师：“同学们，看看你们的肩膀上，有什么呢？”同学们被引导着看了左肩看右肩，最后一脸的茫然。张老师一语道破："担子呀！"是的，社会文明的建设，是一代又一代人用辛勤努力的汗水换来的，作为年轻的一代，正在接受着高等教育，意识不到自己肩负着推进社会文明的任务，那岂不幼稚或麻木?!

我们不能幼稚，不能麻木，还要以史为鉴，珍惜来之不易的和平有序的生活。张老师曾讲过一个故事。在他青少年时期，赶上"文革"，那时的火车经常晚点，晚点一小时两小时是正常的，碰上不晚点才不正常。有一次，火车非常正点地开来了，人们都很惊奇。彼此一打听，才明白了缘故——"是晚点晚了24小时呀！"每当这样的时候，同学们总是笑得前仰后合，真的笑得肚子疼。如果你看了我这叙述不笑，那只是因为我讲得不好而已。总之，这便是张老师的另一样艺术了，能将深切或沉重的教导，用快活包裹起来，然后吸引我们去珍藏。

张老师几乎从不批评他的学生的，如果有批评过年轻人一例，那例子我是大致记着了。记忆中，他是在批评年轻一代中的崇洋媚外、拜金等行为。他说，自己有个女儿（记不真切了，也许他当时说得是孙女儿），出国了，是去美国。女儿从美国打回电话来，说："美国真好！"他问："人间天堂了么？"女儿："比天堂好多了！"我不知道，他是否有个出国的女儿，更不知道是否有过那段父女间的对话，但他把那故事讲的生动风趣，完全像一个超级相声演员。直到讲过了，看大家笑过了，才强调："这就是我们的年轻人呀……看到外国的月亮都比自家的月亮圆……"这可以说中张老师亲切的一面吧。然而，课堂外的张老师，就是另一番样子了。

校园里，有时巧遇到张老师，或问个"老师好"，他可能也点头——这个记不清；更多的时候，他是一副风风火火的样子，你看在眼里了，就觉出"老师好"三个字是有点繁文缛节了；万一他是安安静静地站着的，你也不好意思打招呼的，因为他一定看着一份报纸或什么文件呢，现在回想起来，他那是在和生命赛跑！他显然跑赢了——他的敬业精神、艺术修养，正在流淌在更多老师，更多年轻一代老师的血液里！

温暖的擦肩而过　让我记住了您的慈祥

——记忆里关于张老先生的点滴

代丽丽（外汉专业06－1班）

上下课之间是致远楼人流攒动的高峰期，多少次自己拥挤在狭小的楼梯上步步难行，多少次站在楼梯下仰望上下的学生群，担心迟到、害怕拥挤，曾一时心起贪念想去乘坐电梯。依然记得那个场景，在人头涌动的学生群中，从楼梯上走下来一位老教师。因为没有上过这位老教师的课，所以并不太认识，还在纳闷这老师怎么不去坐电梯。大厅里其他老师跟其满带尊敬地打招呼，他一脸慈祥的笑容，亲切地回应。从其他老师对这位老教师的尊敬与称呼中，才得知这就是我当时听说了很多关于他的事迹的张秀林先生。后来有很多次类似的场景，在致远楼、博观楼遇到张老先生，他经常走楼梯，不利用老师身份优先乘坐电梯，他永远都是拿着学校发的公文包，朴素的穿着，斑白的头发以及洋溢在脸上的温暖笑容，即便是第一次见到他，让身为学生的我不会因为他是老师而有所畏惧，反而觉得好温暖。

虽然没有上过张老先生的课，没有接受到老先生的言传身教，但是在大学时期，老先生的事迹在学生之中口口相传，听闻许多，他的教学风格，治学的严谨认真的态度，为学生的付出，简朴的生活作风等，而我真正亲历的就是张老先生的笑容，以致当听闻老先生辞世，马上回忆起的关于老先生的场景就是他面带温暖的笑容，随身学生群从楼梯上缓缓地走下来的情形。读书十几年，遇到过许多老师，从学生的角度看张老先生，他就是以德服人的优秀教师，听闻他不需要点名，不需要教鞭，学生却对满怀其尊敬爱戴，不担心上课学生的出勤率。

张老先生一辈子献给三尺讲台，我遗憾今生没有听过张老先生的课，但您的作风与品格滋润了整个华科校园，华科人都有受到您的影响，我们一定将您的精神发扬传承下去。如若有来生，下辈子一定走进您的课堂。

无语凝噎

——怀念张先生

马全辉（汉语专业04－1班）

很突然，听到张教授驾鹤的噩耗，还好，是微信，张美云老师发来的，给了我一点点缓冲的时间，让我不至于失神太多；还好，我还安全地到了单位——虽然现在回想，我都不知道当时车是怎么开来的，又是怎么停进车位的。

哭，对，我记得我哭了。已经快十年没流过眼泪的我哭了。我哭的，不单单是先生去世的消息；还因为先生去世的消息我竟然在美云老师给我说的时候才知道；还因为我甚至不知道先生的去世日期；还有就是不知道先生是因癌去世的——学生亏欠先生的太多了。

我哭的更是自己，是自己离校已经快十年，都没有真正回母校感谢师恩，是自己十年里都没有跟老师有过哪怕一次电话、QQ、邮件或者哪怕任何形式的一次联系！树欲静而风不止，子欲养而亲不待，您的噩耗，由美云老师给我传达而来，我第一个想到的就是这句话。先生，可能我不配做您的孩子，那就让我假借您孩子的身份真心地说一句：儿不孝啊！后悔啊，痛心啊！

十年的时间，我应该有多少机会是可以回去看望您的；又应该可以有多少时间是可以陪您，哪怕就是坐在您的课堂里，听您教诲都好啊；再不济，在您病重的时候，我们这做学生的，哪怕抽出自己那所谓宝贵的时间，去您身边待上哪怕就那么十几分钟，几十分钟，或者再大方一点，待个几小时？也许能让您不至于对自己“桃李满天下”产生心中的那一丝丝遗憾吧？

我们的时间，真的就那么宝贵吗？有吗？扪心自问，没有！我们没回，各自有各自的原因，但是，我知道，这些理由和原因，对于您来说，一定是可以理解的，但是对我们自己来说，却是不可原谅的。我还是辩解一下自己吧，虽然我也不可能原谅自己。对于我自己而言，我是不敢回校门。毕业初期不敢回，是由于自己诸事不顺，怕回去让老师徒增担心，而且自己那可怜的自尊心，也让自己也不愿意回，觉得自己没混好，无颜面对师长。可是现在想来，哪能呢？哪会呢？唉！后来不敢回，是觉得已经那么久没回了，当初的师生感情还在吗？老师还会记得我吗？是自己真实经历社会后对师长的敬畏，用社会眼光来看当初曾经的师生情谊，也可以说是用最世俗的眼光玷污了最纯真的师生感情！这时又变得自卑，把自己想象得太渺小，现在想想，哪能呢？哪会呢？唉！

先生，学生错了，忘记了您给的教诲了，忘记了那段您和我们一起的那些可亲、可敬的经历了，忘记了您是在教室门口拱手等我们的那段经历了。是我们变得虚伪、虚荣，而又以自己的小人之心度您的君子之腹了。太多太多的不应该，而今，只能变成一声叹息，唉！哪能呢？哪会呢？

现在重新拾起对您的记忆，点点滴滴，历历在目。先生！请允许我还是这么来尊称您吧。这是您带我们时有关尊称变化历史中，精彩的一段，把这简单的一个称谓的演化历史讲述得那么清楚，我相信所有听过您这段的人都会记得。而最后，我们也清楚地记得，您对“先生”这个称谓有多敬重，从来在我们面前都说，不敢自称自己是我们的“先生”，除了那句玩笑似的自嘲“我也就是一个教书先生”之外，其他场合，您从来不让我们这么称呼您。可是，先生，在我心里，您就是先生，先知识而生，先文化而生，先人生态度而生……

先生，对待工作，您是执着而认真的。总记得，您从不会迟到，也从不会随意对付课堂时间，当然，还有从不压堂。您的课，教案永远都是手写的，我想应该不是您不会用电教，因为您的思想总是那么紧随时代，经常有紧随时代的段子，在您的课堂上传达到我们耳中，记在我们心中。您之所以是手写的教案，正是您在潜移默化中给我们传达一种认真负责的工作态度，一种对工作的执着追求，一种对传统文化的追崇，先生，我学到了。我至今还记得您那几乎翻烂了教案文皮，还有那发黄了的教案内页，还有教案内页上哪些反复修改过的字字珠玑。

先生，您的课堂风格，是轻松幽默的，寓教于乐的。先生的课，是“马哲”“思修”这些政治思想理论课，原本这些课程，应该是最枯燥无味的。但是，您的课堂，却总是座无虚席，除了您最擅长的门口迎接学生上课，朝我们施“拱手礼”，督促我们受宠若惊地进入课堂外，更重要的还是您教授的风采了。您跟我们说话，或者提问问题，总是会说“您觉得呢?”“您说呢?”这一个“您”，让我们感受更多的是您对我们的重视与尊重；是您把自己身段拉下来，给我们了一种可以做平级被尊重感；您可知道，在学院的路上，跟您打招呼时，您那一句“您吃了吗”中的一个“您”是我对咱们学院老师最温暖的感动吗？您的课堂上，笑声不断，当您用排比的句式把那段“0岁出场亮相，10岁天天向上。20岁远大理想，30岁发奋图强。40岁基本定向，50岁处处吃香。60岁告老还乡，70岁打打麻将。80岁晒晒太阳，90岁躺在床上，100岁挂在墙上!”说出时，当您把“为党健康工作五十年，为共产主义事业奉献终生”当作誓言时，每每想起，我们都会在欢声笑语之后，更坚定了珍惜时光、好好学习、报效国家的信念。

先生，我是在泪水中写下这段回忆，检讨自己，忏悔自己，再次拾捡起您给的教诲，无语凝噎中，想起您最响亮的那两句誓言：健康工作五十年，为共产主义奉献终生！先生！未竟事业，现在学生接杆过来，用自己的一言一行，践行您的教诲。革命尚未成功，同志仍需努力，我已经在路上!

以此来悼念先生!

忆我最尊敬的师者

唐邦瑞（营销07－2班）

“木秀于林，风必摧之；堆出于岸，流必湍之；行高于人，众必非之。”比喻才能或品行出众的人，容易受到嫉妒、指责。而他木秀于林、行高于人，并未风摧之、众非之。

他是我最尊敬的老师，虽然只是大学选修课的老师，但对他的尊重绝不亚于曾经与我朝夕相处七年的恩师。从2007年入学，到2015年他离开我们，在这八年时间里，我所认识的他是这样一位：

师者，传正能量于学生终生受益；

学者，严谨、踏实、勤一生不变；

长者，慈祥和蔼演绎平凡老爷爷；

友者，宽人严己君子之交淡如水。

我不是一个善于言辞的人，对他的描述很不全，想说的印象和事情很多，但是却表达不出，一句话那就是：我很骄傲，我是他的学生。

或许是因为他知道秀于林有风摧之的危险，时刻让自己无可非议，抑或是他要打破秀于林必摧之的论断。不论是什么想法，他都做到了秀与高且无摧与非。

他就是张秀林。

当一切入睡

——致张秀林教授

谢恩菊（外汉专业 11－1 班）

“一根粉笔，两袖清风；三尺讲台，四季情语”
您名声如此远扬
在华科这个承载四方学子梦想的地方
我想，我还是不够幸运
始终没能走进您的课堂
我没见过您课堂上挥汗如雨的样子
也没见过您在图书馆急速奔走的样子
我甚至没见过您的样子
直到您最后入睡的那一刻

记得那天中午，燕郊的天空一如既往的阴霾，华科还是一样的热闹，校园里无数学子快速奔走。我捧着一大束康乃馨出现在您的病房，听见有人进来，您急忙费力想将身子撑起，微微张开眼睛，用力地握住卞老师的手；我放下手中绽放的康乃馨，静静地站在您的床边，看着您，您鼻子里、手上都插满了管子，手背上青筋凸起，瘦弱的身躯让人心疼，这是我第一次看到您的样子，这么近，这么近。也是最后一次。

还记得大冬天的，你用酱菜瓶子做水杯，用最普通的布袋子装文件；

记得您那对学生永远乐呵呵的脸庞，那些来自心底最深处的笑容啊；

记得您为学生读共产主义宣言，很老很老的一本小册子，我想那上面一定刻着你和时光的故事吧；

记得您带着老花镜站在讲台上点学生名字，从不抬头看，哪怕答到的人数和在场的人数悬殊很多；

记得每次课堂上您一笔一画的板书，坚韧有力，一如既往。

您两次在讲台上倒下，您上课总是上到声音嘶哑，身体透支，所有的坚持都是因为热爱，您那么爱那么爱您的每一位学生，可是最后病痛还是带走了您。

您走后的那天下午，我翻着学校所有的线上平台，看着无数老师、学子对您的思念及悼念，看着学校门口的那封讣告，一次次的泛红眼眶。有时候，我会看着远方，不断地想，您在另外一个世界里孤独吗？有人陪伴吗？也同样有您绽放的三尺讲台吗？一定会有的，我想。

心中有热爱，哪里都会是讲台！愿您在天堂安好！

网络篇

悼念张秀林老师

三尺讲台上的张秀林教授

q1234560a0721：我校退休老教授张秀林老师病逝，北门讣告。我曾有幸上过老师的“安全科技概论”和“文化大革命”选修，对老师很是钦佩。曾在贴吧看见慰问老师的帖子，希望同学们看见。

在贴吧为老师送行，愿逝者安息！

天降伊卡洛斯啊：好突然，张秀林老师就这么走了。有幸上过您的“安全科技概论”与“文化大革命”，当初的健康工作五十年，幸福生活一辈子的誓言还依稀萦绕在耳畔。誓言您做到了。逝者安息，一路走好。

0邪恶的乖孩子0：我大一的时候上过他的安全科技概论，讲得特别好。人也特别好，好多老师里面我就记住他一个。

lixin341221：+1. 真的假的，突然好伤心。

我的目的是观光：真可惜。

石钧鹏：唉，去年给我们上“毛概”中途就换老师了，才知道张秀林老师病重了，他曾说过他要把一生贡献，所以他早就到了退休的年纪了还每天坚持上课，精神饱满。真的，很难过，很伤心，老师一路走好。

morainaki：他留下了延续他生命的有价值的精神，愿逝者安息，生者节哀。

ketenghong：愿安息，他是我大学里见过的最好老师。难以置信！

我心依旧6417：愿张老师一路走好！

lzray：虽然没有上过他的课，还是希望老师一路走好。

小齋：沉痛悼念张老师，真心喜欢他。

鸡店缺货：好老师，学校最好的老师。幽默风趣，毫无年龄代沟的违和感，张老师师德长存！！！

topmusicshine：是哪个啊！？是不是那个说话一口气可以很顺畅说好多典故的那个？

我已经知道了，就是我说的那个老人。

我的夏季录：张老师兑现了自己的承诺，真的把自己的一生献给了党，献给了教育。天堂没有病痛，张老师一路走好！

ly9197：逝者安息，您永远活在我们心中！

passerme：张老师上课的时候说过，把一生奉献给党奉献给教育，真的做到了，走好，张老师。

强悍的小绵羊：@吧务，这贴该置顶！

没伞的孩子dong：曾经听过他的“文化大革命”选修，为他默哀。

大黄小柳同心梦：愿在天堂美好！

王者31008：逝者安息，一路走好！

会会921010：我上过他的课。艾玛，怎么这么快就走了。悲乎！

刀小熊：老师一路走好，大二的时候最喜欢的老师！

马庙洪桥：愿老教授一路走好。

青春染指流年dj：虽然并没上过他的课，但是听你们所说他真的是个好老师，愿逝者安息！

sunny小雪妖：虽然不认识，但是这么多学生都说这个老师好，这老师一定不错！逝者安息。

王银依：张老师一路走好，我们永远记得你。

AllIsWellJANE：深深悼念，虽然不认识。

水手512：当年上张老师课时，那时还是大二，他说自己还要工作10年，为党奉献自己，现在大四了，张老师走了，希望张老师一路走好！

死不了就精彩：看到了张老师的一张照片，应该是病重时候照的，比以前上课时候瘦多了，真的很心酸。

M_一二三四五六：悼念您，一路走好！

可靠的红豆798：有幸上过张老师的一节课，一路走好！

叠年张：老师您永远活在我们心中！老师您永远都是我们的榜样！没有听过他的“文化大革命”简史，竟然成了永生的遗憾，老师走好！

梦漓花落：这个老师教过我，绝对是个正直的好老师。

lx338121：兑现了自己的承诺。走好！

天降伊卡洛斯啊：好走，您的课我都听过。健康工作五十年的承诺到底还是没兑现啊，呜呜……

kitty→飘：我真的好喜欢这个老师。

萧杀邦：什么都不想说了，心情很沉重，张老师走好。

向天空笑一笑：好难过。最喜欢的老师，没有之一。

拉菲克斯特：以前还去蹭张老师的课，喜欢张老师的讲课风格，一个自我介绍就是俩节课。今天突然得知老师走了，愿老师一路走好！安乐天堂。

绝色小妖：张老师为教育事业奉献了一辈子，做到了他曾许下的誓言。愿天堂没有病痛，老师走好！

安佛拉斯的命运：去年还听过他课，身体还挺硬朗的。怎么就……

呆笨瓜傻：那么棒的一个老师怎么突然就没了呢？

只是落红无人怜：虽然不认识这个老师，但是能让学生们钦佩的都是好老师！

619liyx：真的是好老师啊！

DDwade0：很好的一个老师，哎！

blueshmilyg123：老师一路走好。愿老师在天堂继续快乐、幸福！

你好吗流年岁月：生者缅怀，逝者安息！走好！

中条一朵云：愿张老师走好，木秀于林，健康工作五十年，我会永远铭记您的教诲！

WCNXD888：我上过他的课，讲得特别好，上课很有激情和说服力，而且老师这么大年纪了还几乎天天都去图书馆，特别佩服。

sallbdg：2003 年，张老师给我们上课，解释自己的名字，木秀于林，风必摧之，所以做人要低调。

阿霖 flying：深切哀悼，他是我在大学印象最为深刻的老师！

睡懒觉滴小丫头：听过张老师讲党课！站着讲了一个多小时，讲得特别好。他真的是把自己的一生都奉献给了教育事业！平凡的老师，更是伟大的老师！

Jasshole：五年前有幸在党课上认识了张老师，记得他说要 100 岁才能挂在墙上的。真的是太突然了！

赣马小丫头：我是 2007 届的学生，知道这个真的很伤心。一路走好。

langlglang：张老师一路走好，我们永远记得你。

买咸鱼的小女孩：去年还见他来着。

in620：好，很不错的好老师！！！

斗独 earth：可爱的老人儿，走好。

海魅青：虽说没上过老师的课，但也听过不少同学谈论他的事迹。

愿老师一路走好！

恋上尼古丁的甜：虽然不认识这个老师，但是老师一向是受人尊敬的职业，希望他一路好走。

若水莫夕颜：虽然不认识您，但，一路走好！

鸡蛋丙：没有蜡烛，希望玫瑰带给你芬芳！

tr 的世界：应该是前面吧，还去蹭过他的选修课，还说以后有机会和他详细交流文化大革命史。

sky：上过他的毛概，也是中途换老师了，现在才知道原因，很可惜，老师人看起来不错，好像还给我们看了一个历史特别悠久的，他的一个证件，很佩服！

greatwall06：非常好的老师，木秀于林，风必摧之，一路走好！

wgdeng2008：张老师真的很伟大，我特别佩服的一个人，一路走好！

看看有什么意思：他不用 ppt，他上课永远激情满满，不同于别的老师，现在还能记起他那句慷慨激昂的同学们好！

geeklwy：虽然已经毕业了，但依然对这位白发苍苍的师者肃然起敬，记忆犹新。我的手机里至今还保存着一段上他最后一节选修课的视频。老师讲课诙谐幽默，趣味横生。将几十年前的那场声势浩大的运动活灵活现地展现在我们眼前，真是比看电影都过瘾。老师的坚持、老师的宽容、老师的信仰也同样感染着我，值得我们去学习，值得我们去继承。虽然得知老师逝世的消息有些晚了，但还是祝愿张老师一路走好！

石钧鹏：参加了追悼会，让我们一直在心底祭奠张老师。

桃花溶月：老师，感谢您，也愿您天堂安好。

回忆未来爱：老师，一路走好。希望下辈子还能做您的学生。

华科爱心社：张老教授您走好！

0513308：张老师，人品没的说。

风中凌乱的泰迪：真的很心痛，好喜欢张老师！

sunny 叫我哥：好老师啊！

子夜孤零：深深怀念张老师，回想大学生光，其音容笑貌犹在耳边，上过他的课就多了，还可以去听他讲述大国关系，总是那么的激情飞扬，浑身给人一种正能量，张老师，一路走好。

强悍的小绵羊：两次选修过张秀林老师的课，每节课前，老师用自带的抹布把黑板擦得干干净净。张老师讲课像战士一样，铿锵有力，富有精气神，字字珠玑让人敬佩。张秀林老师一路走好。

写字真的很难看：张老师一路走好，很荣幸听过张老师的两堂课。

张_许：从小到大最敬重的一位老师，他用自己的行动诠释了“教师”这两个字，上学时在食堂碰到张老师，看着他吃完饭的餐盘一根菜都不剩，一粒米都不浪费。当别人用保温杯的时候，他一直是那种装过罐头的玻璃杯，和一个普通得不能再普通的布袋子。走在校园不管碰到哪个学生都是慈祥的脸上散发出发自内心的笑容。仿佛学校就是自己的家，学校的每一个学生都是自己的孩子。毕业后没有机会在回到母校看望您，希望您在去往天堂的路上有欢声笑语陪伴您，愿您在那边永远都不孤单。

卡莱泰斯：默哀！

落泥土的大姐姐：10级毕业生默哀！

五柳潇风：一路走好！

回望轻狂：一路走好，我们永远怀念您！

摘自百度贴吧《悼念张秀林老师》

张秀林老师千古

lx338121：今天看到讣告说张老师走了，大学最敬重的一位老师，他说过自己一生曾发过两次誓，参加工作和入党，分别对着毛主席画像和党旗。健康工作五十年和为共产主义事业奋斗终生，他兑现了自己的誓言。学为人师，行为世范，他应该能够对得起他们北师大的校训了吧！我们不能都亲自参加他的送别会，我们都以自己的方式纪念他，说出你记得他最清楚的一句话来纪念他吧！

会会921010：悲乎痛乎！

1223653488：好伤心～～～

萧杀邦：想起他为我们读共产主义宣言，很老的一本小册子；想起他带着老花镜站在讲台上点名字，从不抬头看，哪怕答到的人数和在场的人数悬殊很大；想起每次课堂上一笔一画的板书……

泪奔，不知道是否可以参加他的追悼会。

五柳潇风：难得的好老师！

摘自百度贴吧《张秀林老师千古》

请问张秀林老师还好吗

欲策骐骥飞跃：大二的时候张老师曾教过我们“近代史”和“毛概”，我印象中张老师博闻强识，对一些概念和历史典故信手拈来，不但课讲得好，为人也很和蔼亲切、耿直，对学生讲课认真负责，是我遇到的为数不多的一位好老师。去年张老师得了病，因此我们的“毛概”换了老师，听我们班主任说病得比较严重，需要动手术，以后应该不会再教我们了。我很惋惜，也很关心张老师的病情，现在已经快一年了，不知他怎么样了，问问同学们到底康复了没有。回想起来，我们是何其有幸，能够成为张老师的学生，听到他的课，被他的精神所感染，我们又何其不幸，在我逐渐领悟到张老师传授的知识与精神时，张老师却与我们缘尽于此……

有同学知道吗？

仙傲果紫：精神还挺好的，虽然没有以前好了，就是瘦了，每天还是在学校奔波，倒是经常碰到他，老去图书馆呢！

欲策骐骥飞跃：到底是什么病呢？我觉得张老师挺强迫自己的，对自己要求很严，属于那种鞠躬尽瘁的。

仙傲果紫回复欲策骐骥飞跃：是的，目标一直是为党的事业奋斗一生。好像听有人说是癌症！

欲策骐骥飞跃回复仙傲果紫：以前听他讲过也是一个老头抗癌的故事，我相信他能够战胜病魔！

我的目的是观光：为党奉献终生！

这个老师是我欣赏为数不多的老师之一。

欲策骐骥飞跃：是啊，不仅课讲得好，而且为人正派，勤俭朴素，淡泊名利，现在一些年轻老师很缺乏这样的。

烟花0易冷go：挺喜欢那个老师。

昱淥：呃，话说当初选修选了他的课，一直没去，后来结课去了一节，感觉一直没去挺遗憾的……

欲策骐骥飞跃：听他一堂课，胜读十年书！

q1234560a0721：张老师讲的“毛概”和“文化大革命”史很不错的。

欲策骐骥飞跃：嗯，张老师曾经给我们简单介绍过。

Q的小宝：今天去世了。

张_许：张老师的一辈子真的是鞠躬尽瘁，听到这样的消息感觉就像自己失去了亲人一样，很难过。

欲策骐骥飞跃：简直不敢相信，默哀~

张_许回复欲策骐骥飞跃：是啊，很喜欢张老师，在华科的校园看到这样的一位老师，每个人心里都觉得踏实。

嘿莫离：老师，一路走好！

欲策骐骥飞跃：愿天堂没有尘世烦扰，默哀~

hcdtjbsyjbfyjn：张老师，走了。愿老师一路走好！

欲策骐骥飞跃：刚刚看到吧里同学的回复，得知张秀林老师已经走了，我的第一反应心里咯噔一下，特别不是滋味，仿佛他两年前刚教我们时精神饱满，满怀激情，娓娓而谈的情景还历历在目。我虽与他仅有一年的师生缘分，但他的精神足以影响我以后人生之路，这位誓为党的事业奉献终身，用他的一言一行全心全意地为下一代树立榜样的党的优秀工作者如今却与我们阴阳两隔，但无疑他履行了自己的誓言，无愧于一名优秀共产党员。沉痛默哀，愿他在天堂安好！

oblivionht：心里好难受……

慕晴qq：华科09级，老爷子带过我们政治学，每次上课都会早到，站到门口看学生进来，每节课都很认真地写板书。很怀念！老师，一路走好！

欲策骐骥飞跃：是的，他每次都早早到站门口等学生来齐，我到现在还不敢相信这是事实！

woshi2BC：感念恩师！

lixin341221：已经过世一段时间了。默哀。很心痛！

张秀林教授生前为学生讲座

摘自百度贴吧《请问张秀林老师还好吗?》

只言片语唯追忆

回忆De伤痛：咱们学校张秀林老师讲课，那叫个激情!!! 就像说相声一样……我上过他的选修课，那叫一个激昂……

摘自百度贴吧《如果是这样的老师，那么我愿意深深一拜!!!》

116. 117. 113. ＊：简单地说一下，选修课时候“文化大革命”简史的张秀林老师。老师很好，敬佩老师那种几十年来踏踏实实教学的精神。扛三脚架的测量员，2007测绘小魏。

X山岭巨人：张秀林。啧啧，教书好，为人好！学习的榜样

摘自百度贴吧《我最喜欢的老师》

220. 194. 224. ＊：记忆中张秀林老师可谓强！我也喜欢和欣赏，你们说老师要都像他这样，那中国的教育战线可谓深厚！

加油啊！华科的学子们！人文系的才子们

摘自百度贴吧《来——我们讨论人文系的老师吧。虽然毕业了，但还是想起……》

感　悟　卷

编者按：张秀林是平凡的，也是伟大的。他的信念坚定、爱岗敬业、关爱师生、谦恭好学、艰苦朴素的精神也是华科师生共有的，但难能可贵之处在于几十年的坚守而不改其志，用一生抒写了平凡的伟大，用身体力行诠释出“严”和“实”的精髓，这值得每个人去敬仰和学习。华北科技学院党委号召向张秀林学习后，各级党组织和广大教职员工积极响应，通过不同方式抒发感悟，将学习张秀林的活动落实到践行社会主义核心价值观的要求之中，立足在践行“三严三实”主题教育上。本卷将基层党组织和教师中的深情感悟予以辑录，愿在思念中承继平凡而伟大的精神。

学习篇

教育事业中的执着　潮白河畔上的灯塔

安全工程学院党委

题记：张秀林老师是我校一名普通的教师，但在教师和学生中声望极高。惊闻噩耗，校园尽恸，广大师生自觉发起追忆活动。在学校党委发出学习张秀林老师的号召以后，安全工程学院通过集体学习研讨、座谈追忆生平、对照自我思齐等方式开展学习纪念活动，一时间“好老师是怎样炼成的”成为最热门话题。评论诸多，撰文累案，如下节选，以表哀思。

春风化雨，点亮生活

一位真正的老师，他不仅教你知识，更唤醒你如何生而为人，如何踏出你的生活步伐，如何以不同的视角看世界，如何真正的活过，而不是活在寂静的绝望中。张秀林老师就是这样一座灯塔，他用独具匠心的教学理念，给学生以春风化雨般的启迪，以兢兢业业的工作态度，以身示范的生活作风，成为教师标杆般的榜样。

“木秀于林，风必摧之”。张秀林老师常引用这句古语介绍自己。“与其埋怨，不如实干”，是他人生的座右铭。张老师律己甚严，在课堂教学与日常工作中，非常注重教师的示范作用对学生的影响，坚持数十年如一日的课堂提前“5 分钟”，带病坚守三尺讲台，默默守护“为党工作 50 年”的誓言，他用洁白的粉笔涂抹着世间的污垢，用馨香的厚德装点人间的风景，用不倦的教诲校正生命的航向，用赤诚的情怀托起明天的希望。他不计名利、无怨无悔，仿佛天使一般，眼里洋溢着善良的光辉，手中挥洒智慧的甘霖，笑声融化心灵的坚冰，双肩承载着教书育人的重任。

书香满身惜时贵，两袖清风阅古今。一双老布鞋，一身素褂子，还有那个重重的布袋子，张秀林式的经典搭配深深地刻在了人们心里。高山仰止，这样身着朴素的普通形象却赢得了世俗的倾慕和崇敬，因为那赤诚的心灵，深邃的双眸，丰富的情感，博大的思想，旷远的襟怀。虽缺少财富但知识满载，不贪图享受但乐于传承，张秀林老师就是这样一位德高望重的学者，传承着历史悠久的民族文化，更以发散性的思维方式引导学生思考所学知识甚至未来人生，是教师工作的指导者，学生梦想的引路人。

爱岗敬业，与时俱进

四十余年的漫长教书生涯中，张秀林老师对岗位的坚持和热爱始终如一，他认真负责，一丝不苟，从不懈怠，举手投足间不禁流露出儒雅的态度。课堂上他旁征博引，深入浅出，生动精彩。绝不拘泥于书本纸页，把唯一的喜好看新闻与教学相关联，把与时俱进的知识更新与教授内容相结合，坚持每课一讲“历史上的今天”，用慷慨激昂的讲课风格把沉闷的课堂变得积极活跃，用略带幽默的生动语言，把晦涩的历史变得简明易懂，以天马行空的态度激发学生思想中的火花，用日积月累的思考把握对学术前沿的追踪。

张秀林老师用厚厚的一沓手写的教学讲稿记录着他的辛勤与倾注，每一页都字迹工工整整，每一页都悉心写满批注。附贴数百张备注纸片，记录着他教学之余的思考和心得。在教学改革的路上，张老师积极调整思路，改进教学方法，精简教学内容，以供学生们开阔视野，深化学习。苦心采撷片片绿叶，扑出脚下叠翠的小路，悉心收获累累硕果，化为人生路上哲思佳篇。

张秀林老师严格要求自己，勇挑工作重担，将教学视为重中之重。

年高德劭的老教授仍坚持承担数门繁重的教学任务，无论是春寒料峭，还是大雪纷飞，无论是夏日炎炎，还是秋风瑟瑟，张老师总是忙碌在教育工作岗位的最前线。他真心掇拾串串蓓蕾，变作眼前绚丽的彩霞，精心摘取枚枚锦瓣，穿成青青旖旎的花环。含辛茹苦，无声奋斗，视名利淡如水，待事业重如山。

甘为人梯，无私奉献

张秀林老师严谨的治学态度，执著的敬业精神，积极进取、勇于创新的学术追求，循循善诱、诲人不倦的基本素质感染了很多年轻教师。他从大局着眼，从集体利益出发，在督导听课中，认真记录，悉心给予年轻教师鼓励和指导，利用多种方式，实现与他们思想上的沟通。他对年轻人真诚、厚爱，甘为人梯、不留私心，让很多教师受益匪浅，感激不尽。

雄鸡一啼，始掩芬芳的书卷；星沉月落，再写奉献的篇章。年过七旬的张秀林老师仍主动要求周末及晚上的教学工作，由于他的奉献，牺牲了自己成全了他人。在家庭方面，他的身教胜于言传，以身示范要求子女踏实做人、勤奋做事、甘于奉献。他真诚的敬业精神感动了周围同志，赢得了大家的信赖与支持，出色的教学成果为学校赢得了不少荣誉。他把苦恼的思考和辛勤的劳作留给自己，把宝贵的知识和伟大的思想分享给他人。他用言语架构华丽的篇章，用文化熏染懵懂的心灵。

笑对清贫与世俗，乐为人师做孺牛。张秀林老师一生呕心沥血承载着民族文明的传承，而他本身就是一页文明简史；他秉烛操劳照耀着漫漫长夜，而他自己就是一支通体透明的红烛；他精雕细琢着未来的希望，而他自身就是一尊不朽的丰碑；他以心血才智呼唤江山代代志远德高的风范，而他就是这样地地道道的千秋风范。捧着一颗心来，不带半棵草去。那颗珍贵的孺子牛的心啊，朴实、善良、敦厚、忠诚；勤劳、无私、奉献、默默前行。

贤者虽逝，精神永存

时光如古木参天，摇曳着无数枚叶片，
看那一张张日历，在春夏秋冬中飘散。
不知不觉早已无法分辩，
究竟迎来过多少勤勤恳恳的日光月色，
究竟送走了多少爱岗敬业的黎明夜晚。
而您，纵使在生命的长度到了尽头也不忘教育，
现在的我已经没有深思熟虑的时间，
甚至来不及把心口焐热的诗句仔细推敲、斟酌长短，
有着太多太多倾吐不尽的情感，汹涌澎湃向外喷溅，
让我迫不及待地要把这情感捧在面前。
我不曾读书破万卷，
也还没有走遍祖国的河山，
更没有鬼怪神佛赋予我创作的灵感。
我却要用我的满腔哀思怀念来找寻对您的记忆。
讲台上的您，
用认真和热情，去坚持、去探索、去磨炼；
用努力和恪守，去沉思、去开拓、去呐喊。
三尺讲台，四十余年育人生涯，
您用坚定信念和爱岗敬业守护了一生；
三寸教鞭，七十余年人生生涯，
您用真学、真信、真懂践行了党的理论。

从青春年华，到白发苍苍，几十年如一日，您怀着对党、对人民、对教育事业的忠诚，踏出了人生亮丽的轨迹。

教室是你的家园，讲台是你的舞台，学生就是您可爱的孩子，而您是他们领路的明灯。

加减乘除，算不尽您做出的奉献；
诗词歌赋，颂不完对您的崇敬；
传道、授业、解惑是厅堂上孔夫子的画像，

而谦恭、无私、奉献是您投身教育的写照。
您为教育事业披肝沥胆，又怎能不让人慨叹万千。
多少个黎明，牵着朝霞做伴，
多少个黄昏，踏着晚霞回还 。
滴滴汗水中，把教书育人的天职谨记；
满天夕阳里，只有对学生的殷殷期盼。
理想如歌，创造如泉，身教胜于言传。
您用一生的时间做到了，
不浮、不虚、不假，存真诚；
不媚、不谀、不谄，讲真言；
不炫、不妄、不夸，有真学；
不骄、不躁、不馁，能真干。
宇宙无边，人生有限，您教会了学生太多：
学真理，不欺、不瞒、不骗；
用真情，不腐、不烂、不酸；
似真金，不熔、不化、不软；
做真人，不疯、不癫、不懒。
饮其流者怀其源，学其成时念吾师，
您永存我们心间！

学习永远在路上

机关党总支

向张秀林教授学习永远在路上，要以张秀林同志为榜样，认真落实学校党委行政工作部署，履行好工作职责；工作中敢于担当，认真负责，扎实推进；努力转变工作作风，全心全意为教职工服务；以开展学习张秀林教授先进事迹为契机，将“三严三实”专题教育活动落到实处，努力开创机关工作新局面。

表达对张秀林的缅怀和向他学习的情怀

离退休党总支

分别通过制作宣传栏（版报）、撰写回忆文章、抒写诗词歌赋等不同形式表达对张秀林的缅怀和向他学习的情怀。特别是离退休教授赵家振不但撰写了怀念张秀林老师的文章，还到各个学院去做张秀林老师先进事迹报告会。鼓励教师（特别是青年老师）要以张秀林老师为榜样，上好每一堂课。教职工深受感动，并表示要向张秀林老师学习对待工作兢兢业业、勤勤恳恳。

张秀林教授与退代老党员合影（前排左起第一人为张秀林）

学习张秀林　弘扬教育正能量

教务党总支

学习张秀林老师，弘扬教育正能量。召开学习张秀林同志先进事迹座谈会，对张老师的精神和事迹给予高度评价，结合自身工作畅谈学习张老师先进事迹的体会。与会教师通过回忆叙述和张秀林同志在日常工作和生活的点滴接触，无不为他的高尚品德所感动，认为张秀林老师是“春蚕到死丝方尽，蜡炬成灰泪始干”的真实写照，并表示要把学习宣传活动与师德教育结合起来、与开展的“三严三实”专题教育结合起来、与培育和践行社会主义核心价值观结合起来，引导广大教师以张老师为榜样，爱岗敬业、关爱学生、严谨笃学、无私奉献，努力做社会主义核心价值观的模范践行者，做学生健康成长的指导者和引路人。

立足岗位做好本职工作

环境工程学院党委

在全院教职工中开展向张秀林同志学习活动，一致认为张教授是一名优秀的人民教师，是我们学习的楷模，大家表示要认真学习张秀林教授的先进事迹和精神，立足岗位做好本职工作。张秀林老师作为一名党员，他对党忠诚，为共产主义事业奋斗终生；作为一名老师，他教学严谨、生动，获得了学生的尊重；作为一名老教师，他谦虚向每一位教师学习，友善地提出中肯建议；作为一位父亲，他爱护家庭、爱护子女。这些都是值得全体教师学习的，各位老师表示，以张秀林老师为榜样，以实际行动纪念张秀林老师，努力成为一位“有理想信念、有道德情操、有扎实学识、有仁爱之心”的好教师。

做“三严三实”好老师、好干部

机电工程学院党委

深入学习张秀林教授事迹，开展《学习张秀林，践行“三严三实”》主题活动。邀请原机电工程系主任、校原督导组组长赵家振教授，以《教书育人 良师益友 引领学生听党话跟党走》为题，讲解张秀林教授的工作、生活点滴，勉励大家积极工作，践行张教授遗愿；广大教工向张秀林教授学习，从张秀林教授的崇高精神和感人事迹中汲取养分、提高境界，做到勤于修身、对党忠诚；要求各科室要利用教研室活动时间，把如何向张秀林教授学习作为一项内容体现在今后的教学工作中，并以此为契机，在以后的师德建设中展现学习的成果，做践行“三严三实”好老师、好干部。

以榜样为标杆做好工作

电子信息工程学院党委

以系（教研室）、科室为单位，召开学习张秀林先进事迹系列活动，立足本职岗位，以榜样为标杆做好自己工作。开展了向张秀林教授学习研讨座谈会。座谈会上老师们踊跃发言，大家都认为张秀林教授是“有理想信念、有道德情操、有扎实学识、有仁爱之心”的好教师，纷纷表示向榜样学习，做好自己的工作。座谈会后很多老师都主动写了学习张秀林教授优秀事迹的心得体会，立下以先进为标杆干好工作的决心，积极从其先进事迹中汲取养分、激发动力，凝聚正能量，不断推进我院各项事业的发展。在学生中间也开展了向张秀林教授学习的活动，利用班会、大型活动契机，向广大学生宣讲张秀林教授的优秀事迹，利用板报、微信平台等媒介向学生主动推送信息进行宣传。在学生党员中利用支部活动，开展专题学习，让学生学习到了张秀林这名老党员体现出来的优秀党员品质，向学生传递了艰苦朴素、兢兢业业工作的奉献精神。

铭记这位值得尊敬的师长

计算机学院党委

组织缅怀张秀林的活动，全院师生都积极地投入到这一学习热潮当中，纷纷用实际行动来铭记这位值得尊敬的师长。各系（教研室）、科室分别专门召开了学习会议，大家表示要立足本职岗位以榜样为标杆做好自己工作。学院办公室人员和全体辅导员在会议室怀着崇敬的心情学习了张秀林同志的感人事迹。计算机基础教育教研室在活动中着重学习了张秀林同志信念坚定、矢志不渝的精神。计算机工程系被张秀林同志爱岗敬业、认真负责的精神而深深感动。信管工程系认真学习了张秀林同志谦恭好学的精神。网络工程系更是被张秀林同志任劳任怨、无私奉献的精神而深深震撼。软件工程系认真学习了张秀林同志艰苦朴素、勤俭感恩的精神。物联网工程系认为张秀林同志的事迹虽然很平凡，但却于平凡中体现了“有理想信念、有道德情操、有扎实学识、有仁爱之心”的好教师的伟大。

把学习活动作为加强师德教风建设的重要载体

管理学院党委

学院党委认真传达学校文件，号召全体教师要以张秀林同志为榜样，虚心向张秀林同志学习，不断提高自身的道德素质和教学能力，为培养更多更优秀的人才而努力工作。组织专题学习，深入开展研讨活动。新学期开始，学院第一次例会，结合学校深化向张秀林同志学习活动的要求，学院把向张秀林同志学习作为各系一次专题教研研讨活动，各系要开展向张秀林同志学习专题研讨活动，每个教师都要发言，主要学习张秀林同志对工作尽职尽责的态度，对学生关爱有加的态度。各系根据学习要求认真开展的专题教研研讨活动，认真学习张秀林同志的先进事迹，并认真检查自身存在的不足，并努力向张秀林同志学习。如会计学系老师对张秀林同志非常熟悉，从他的身上看到了一个生活朴实、爱岗敬业、勤奋好学、教书育人的老教师的光辉形象；市场营销系老师印象最深的是张秀林同志上课前的“标志五分钟”；电子商务系在研讨中一致认为张秀林老师多年来坚守教学第一线，全校教师的楷模。其他各系也在专题研讨活动中看到了一名老师教师的人格魅力，也认识到了自己与榜样存在的差距。大家表示要继承和发扬张秀林同志的精神，努力做好自己的本职工作，为党的教育事业贡献自己的力量。

为学校各项工作尽全力献出自己的心血

建筑工程学院党委

建筑工程学院组织全体教师学习其事迹材料，进一步缅怀深受广大师生爱戴的张教授。同时邀请赵家振教授给大家传授他们两人共事十五年的点点滴滴，使大家更加深刻领悟张教授“于平凡中见伟大、于细节中见真情”的师德师范。通过赵家振教授的讲授，使大家学习内容更加丰富、更加具体，体会更加深刻。大家纷纷表示张教授值得大家学习，他是广大党员领导干部践行“三严三实”最生动、最有说服力的鲜活教材，在今后的岗位上要向他看齐，为学校各项工作尽全力献出自己的心血。

学习张秀林先进事迹　促进自身工作

人文社会科学学院党委

以“学习张秀林先进事迹，促进自身工作”为主题，集中学习了张秀林老师的先进事迹；邀请张勇老师以“我的父亲的一生”为题举办专题报告，为师生讲述其父亲的事迹；以“精彩一堂课”缅怀名师张秀林教授，曾获学校青年教师授课技能大赛第一名的张晓东老师为全体教师展示一次特殊的“精彩课堂”，以富含感情的诗性语言与全体老师缅怀刚刚离世的慈父名师张秀林教授；以系（教研室）为单位召开了学习张秀林先进事迹座谈会，回忆了和张老师交往中获得的点点滴滴帮助和学习的感想体会，并撰写出了几万字的回忆文章编辑成册。

张秀林教授生前与文法系同事合影（三排右起第二人为张秀林）

立足本职岗位　继承优秀品质

外国语学院党委

召开“学习张秀林教授先进事迹”座谈会，集中学习了张秀林教授的先进事迹，并要求以系（教研室）、科室为单位，深入开展学习张秀林先进事迹活动，立足本职岗位，以榜样为标杆做好自己的工作。外国语学院全体教师充分认识到向张秀林教授学习的重要意义，纷纷表示要以张秀林教授为榜样，继承他的优秀品质，积极从他的先进事迹中汲取养分，爱岗敬业，无私奉献，为学院和学校的发展贡献出自己的毕生力量。

结合正反案例深入学习张秀林的信念和精神

基础部党总支

共同学习了张秀林同志的事迹材料，并布置了相关的学习任务。假期结束之后，每个教职工又结合校内外存在的正反案例继续深入学习张秀林同志的信念和精神；邀请了张秀林的长子张勇向全体教工做了“我父亲的一生”的主题报告。基础部和思政教研部以前是一家，张秀林同志的一言一行一直是基础部师生学习的典范，这次报告让大家更加近距离的了解了张秀林；各教研室分别召开了向张秀林同志学习的主题座谈会，会上每位老师各抒己见，畅谈感想的同时也表示了决心，多位同志撰写了学习心得体会。老师们纷纷表示，要把张秀林同志勤俭朴素、淡泊名利的品质，关爱学生，献身党的教育事业的精神发扬下去，在自己的工作岗位上兢兢业业、勤勤恳恳、扎扎实实地工作，为教育事业不断进步和发展做出自己应有的贡献。

“三学习”张秀林同志

体育部党总支

体育部党总支通过集体学习、分组讨论、畅谈感受等形式深入学习张秀林同志，并明确了“三学习”的具体要求，即：集体学习张秀林同志的先进事迹，做到以张秀林同志为榜样；认真深入学习张秀林同志的精神，做爱岗敬业、勇于奉献的优秀教育工作者；结合自身岗位学习张秀林同志的工作方式、方法，争做各自岗位上的先进和标兵。通过学习，体育部全体教职员工在思想上、行动上的进步正在一点点的发生：为了把体育理论课讲的更生动、更吸引人，一些教师开始重新审视自己的教法、技巧和语言，争取把课备的更加充分。为了做好学生的思想工作，学生科老师和班主任们加强了沟通交流，探讨每一名“问题学生”的特点、心理，努力把思想工作真正做真诚、做实诚！为了更好地做好服务，办公室、教学管理和后勤保障人员积极展开思考，细致梳理工作，争取把工作想到前面，想全面，做周到。体育部领导细心的观察到了这些微妙的改变，总结道：体育人不只是四肢发达，更重感情，更认英雄，张秀林老师就是我们教育战线上的英雄，值得所有人学习！

将学习张秀林活动融入课堂

艺术系党总支

将学习张秀林教授活动融入课堂，利用例会、教研室活动、班会等机会，组织带领师生学习张秀林教授的先进事迹，学习张教授信念坚定、爱岗敬业、关爱师生、谦恭好学、艰苦朴素的精神。为更好地学习、感受张教授的精神，引导师生见贤思齐，艺术系本学期将“向张秀林教授学习”活动融入到了课堂教学当中。走进雕塑室，任课教师将课堂教学与学习活动完美结合，采用张秀林教授的一些生活、工作照片，向学生讲述雕塑人物的一些基本知识点，突出讲述了张教授的工作、学习、生活面貌，不仅使学生学习到了专业知识，同时也学习到了张教授的共产党员优良品质，传递了艰苦朴素、兢兢业业工作的奉献精神。艺术系计划以张秀林教授晚年形象为原形，由师生共同创作出一件彩色雕塑作品，赠予学校校史馆，让张秀林精神感动一代又一代华科人。

学习张秀林活动融入课堂，走进艺术系雕刻室

学习与微笑服务、优质服务结合起来

图书馆党总支

把开展向张秀林同志学习活动与当前“三严三实”专题教育活动有机结合起来，与巩固和拓展党的群众路线教育实践活动成果有机结合起来，激励引导全馆干部职工立足本职岗位，更好地为师生服务。7月1日和2日，恰逢为毕业生办理离校手续，图书馆全馆党员干部在张秀林“只要对国家、对社会、对人民有利，干什么都可以”“与其埋怨，不如实干”等精神的鼓舞下，加班加点为4千余名毕业生办理了借阅证注销退费手续。定期开展学习体会交流，把学习教育的成果与图书馆微笑服务、优质服务结合起来，引导广大干部员工把张秀林同志的先进事迹作为教材，找差距、明方向、比担当、比作为，以更饱满的热情和干劲，推动图书馆持续健康发展，为学校的发展做出贡献！

利用平台弘扬张秀林的先进事迹和高尚情操

教育培训党总支

在学校组织学习张秀林教授事迹之前，教培党总支便主动介入对张秀林教授事迹的报道和追忆，利用校报等平台，与人文社会科学学院及时联系，挖掘事迹并跟进报道，并通过对王廷弼、张晓东等与张秀林教授熟知的教师进行访谈和约稿，实现对张秀林教授事迹的早期宣传和学习。学校下发通知后，按要求进行面上学习，对学习活动进行系列规划，在深入学习相关报道，召开座谈会、做好记录等的基础上，还与党委宣传部、人事处等部门积极合作，将张秀林教授作为典型进行深入挖掘的同时，进一步扩大范围，对在学校各个岗位上工作的典型人物进行相关推广和宣传，通过对蔡召义等优秀教师的系列报道，彰显了我校教工共产党员的高度政治觉悟和优秀教师的高尚师德师风，在此过程中进一步弘扬了张秀林教授的先进事迹和高尚情操。

将学习落实在做好后勤服务保障工作上

后勤党总支

学习张秀林同志真诚做人、踏实做事的良好作风，要把张秀林同志勤俭朴素、淡泊名利的品质，关爱学生，献身党的教育事业的精神发扬下去，在自己的工作岗位上扎扎实实的工作，为提高后勤服务质量，为全校师生做好后勤服务保障工作不懈努力。

体会篇

把这份光和热永远延续下去

通信工程系教研室

最近几个月以来，学校开展了向张秀林同志学习的活动，本次活动轰轰烈烈、经久不衰，在全校师生中激起了很大的反响。张秀林老师严谨治学、致力育人的先进事迹深深地感动着我们，让我们陷入了对做学问和从事教育事业的思考。作为一名普通教师，尽管所从事的专业迥然不同，但我们可以共享同一种精神、同一种信念、同一种态度和同一种操守，那就是奉献、钻研和甘为人梯。在以后的教育职业生涯中，我们将在张秀林老师先进事迹的启迪和鼓舞下，树立正确荣辱观，努力增强“学高为师，身正为范，教书育人”的教师使命感，不断强化自己作为一名教师的责任心。有人说，态度决定一切，这么说或许有点夸张，但也不是毫无道理。无论是治学还是教学，工作态度都是至关重要的。就算个人能力再强，智商再高，缺少端正的态度，都是很难把工作干好的。作为教育工作者，把学术作为生活来对待，把教学作为艺术来研究，才有可能做出好的学问，才有可能让课堂高效率，不枉教师的光荣使命。张秀林同志作为一位资深教师，他坚守在学术和教学第一线直到生命最后一刻。要想舀出一杯水，你要拥有一桶水。这句话用在学术和教学上非常形象。一个人几乎不可能把自己所有的思想表达出来，要想让学生明白一些真理，自己必须懂得更多。要成为一位称职的教师，拥有丰富的知识和渊深的学问是必不可少的。所以，白天，我们不仅在学校上课，批改作业，处理一些班务，搞教研活动，还要抓紧业余时间外出听课学习，晚上回家还得备课，看书学习，查阅资料等，当别人在与家人聊天，朋友聚会，吃喝娱乐，享受工作之余的悠闲的时候，我们还在为明天的上课做准备，还在为某个学生的个体行为伤脑筋，还在为写一篇论文而苦思冥想。可当我们看到学生的哪怕一点儿进步时，有家长向我们道谢时，自己课堂教学取得一点进步时，工作得到同事的肯定时，那种兴奋与激动是难以言表的。觉得所有的辛苦和付出都是值得的。人的一生虽然漫长，可记忆力和精力最黄金的时期却是有限的，现在的我倍感岁月的不饶人，眼看人生的黄金时间匆匆从脚下流过，如果还不努力学习，不为自己的教育教学工作积淀一些经验的话，可能确实就要来不及了。所以，现在辛苦点，累点，虽然会失去一些娱乐时间，但会得到一笔人生最宝贵的财富，那就是个人的学术修为和解惑授业的经验。天道酬勤，我相信只要辛勤耕耘就会收获丰硕的成果，哪怕一颗青涩的小果，我也要为之努力奋斗，心里也觉得很甜。

作为资深教授，张秀林老师从不自满，还是一如既往地坚持不断学习，数十年如一日的专注。他用心感悟，点滴小事在他眼里都是教育的契机。最令人感动和敬佩的是他对教育事业的执著和锲而不舍的钻研，那就是奉献和甘做人梯。我从张秀林老师身上感受到了许多可贵的东西，我深深地体会到，是张秀林老师对职业的热爱成就了他，是他对学生不图回报的爱成就了他。爱是师德的最高境界，我们不光要教给学生知识，还要对学生的人格成长发生影响，对学生的爱是教师特有的情感，学生是教师的生命，失去了学生我们教师也就变成了一眼枯泉，因为这种对学生的爱可以让迷途的羔羊知返。我们就是要用这种特有的情感去鼓舞、感化、教育我们的学生，让他们从一棵稚嫩的小树，成长为参天火树，成为一个真正对社会有用的人才。张秀林老师作为一名光荣的人民教师，不仅具有广博的知识，更有高尚的道德。他在平凡岗位上展现了不平凡的高尚品德与人格。我们应该学习他敬业的精神与不朽的师魂。“对待别人的孩子要像对待自己的孩子一样”，我们都应该学会换位思考，当我们希望别人怎么教自己的孩子时，就一定得怎么教别人的孩子。当家长把孩子送到我们手上的时候，他们对我们寄予厚望。所以，我们要像爱自己的孩子一样真诚的爱他们，用积极的情感去感染他们，叩击他们的心扉，激起他们感情的波澜，这是一种责任。我们要像慈母一样关心爱护每一个孩子，孩子身体不适时，我们应该嘘寒问暖；孩子有缺点或不足时，不歧视，不挖苦，不嘲笑，应该有颗包容之心，要想到：他们是孩子，拥有犯错误的权利；当孩子的优点或进步时，要及时表扬，加以肯定和鼓励。

优秀教师崇高的人生追求、高尚的师德情操、无私的奉献精神，感人至深，催人奋进。通过学习，我深刻体会到，作为一名人民教师，对于学生就是一个“爱”字。以无限的真情去关爱，用爱去感化每一个学生的心灵。当学生在学习上遇到困难，不厌其烦的耐心指导，当学生做错了事的时候，指导分析让学生知道做错事的原因。用温馨的语言教育学生，用父母般的爱感化学生，使学生感受到教师的爱犹如父母，甚至胜于父母。有爱的教育能促进学生在快乐中学习，在快乐中成长。张秀林老师热爱教育事业，对教学工作有“鞠躬尽瘁”的决心。他选择了教育事业，就对自己的选择无怨无悔，积极进取，开拓创新，无私奉献，力求干好自己的本职工作，尽职尽责地完成每一项教学工作，不求最好，但求更好，不断的挑战自己，超越自己。爱心是师德素养的重要表现。他的师爱表现在对学生一视同仁，绝不能厚此薄彼。他做到了“三心俱到”，即“爱心、耐心、细心，”无论在生活上还是学习上，时时刻刻关爱学生。教学工作是教师的基本职能。张秀林老师给我们树立了楷模，他的事迹看似平凡、普通，没有惊天动地的伟业，没有轰轰烈烈的壮举，但感人至深，令人尊敬，同时也催人奋进。我们要充分发挥榜样的作用，向张秀林老师学习，像张秀林老师那样无论做人、做事、做学问，在何时何地何种情况下，都有对自己高标准严要求的高贵品质，不断加强自身师德建设，争当优秀人民教师，为社会培养更多更好的有用之才。我们要向张秀林老师学习，学习他处处以人民的教育事业为重，淡泊名利，无私奉献的高贵品质；学习他爱岗敬业，为人师表，为教育人恪尽职守，呕心沥血的精神；学习他甘于寂寞、严谨治学，为追求学术锲而不舍，求真务实的精神；学习他热爱生活，自强不息，为克服困难坚韧不屈，乐观向上的精神。爱学生，爱自己的事业。他在自己的工作岗位上兢兢业业、无私无悔地把爱奉献给了学生，奉献给了祖国未来希望之所在的教育事业。那种对学生真诚、无私的爱以及对工作高度的责任感、全身心的投入精神使我深深感动。

我们深切体会到：一个人，原来可以这样积极地对待工作和生活，可以这样热情地帮助别人。我很感动，从中学到了很多，也让我重新熟悉了教师这份职业，在如今的这个工作岗位上，我想我们应该用一份真挚的态度去对待。我们将在张秀林老师那种孜孜不倦，甘于奉献的精神鼓舞下，努力增强教师使命感，不断强化作为一名教师的责任心。作为普通教师，我们要时刻审视自己，衡量自己，评价自己，以德、行立身处世；同时积极主动地加强自身修养。社会的发展要求教师从“教书匠”的角色中挣脱出来，成为“学习型”“研究型”的教师，不单纯把教师当成一份职业，而是奋斗终生的事业。我们一定努力，持之以恒，把仅有的光和热倾注到教书育人的事业中。

张秀林老师，您是蜡烛，燃烧了自己照亮了别人；您是绿叶，默默生存点缀人生；您是渡船，迎着风险送走别人。在今后的工作学习中，我们要学习张秀林老师的敬业精神与不朽的师魂，自强不息，为克服困难坚韧不屈、乐观向上的精神，争取做一名优秀的人民教师，为教育事业尽微薄之力。作为教师，我们要用自己的爱心、细心和关心，让孩子真正能健康快乐地成长，那才是我们最大的心愿。教师必须有高尚的品德。教师职业的最大特点是培养、塑造新一代，自己的道德品质将直接影响下一代的成长。在教育活动过程中，教师既要把丰富的科学文化知识传授给学生，又要用自己的高尚人格影响学生、感化学生，使学生的身心健康地成长发展。因而教师必须要有高尚的思想境界，纯洁美好的心灵。在工作中，教师要安贫乐教，甘于奉献。必须耐得住寂寞，受得住挫折，将自己的所有精力全身心地投入到教学实践中去，正如著名教育家陶行知所说的“捧得一颗心来，不带半根草去”。教师对学生要有一颗慈母般的爱心。教师对学生慈母般的爱心应来自对教育事业的无限忠诚，对教育事业的强烈事业心和高度责任感。教师的母爱精神具有巨大的感召作用和教化力量，她能彻底地化解学生的逆反心理和对抗情绪，最大限度地激发学生的学习主观能动性。在日常教学中，教师如像母亲一样，无微不至地关心学生，帮助学生，对困难学生不嫌弃，不歧视，给他们多一点爱，就能极大地激发学生的积极性，使其在学习上有无穷的力量源泉，很多教师的成功经验都证明了母爱力量的神奇作用。教师要不断更新充实自己的学识，博学多才对一位教师来说很重要，因为我们是直接面对学生的教育者，学生什么问题都会提出来，而且往往“打破砂锅问到底”。没有广博的知识，就不能很好地解学生之“惑”，传为人之“道”。但知识绝不是处于静止的状态，它在不断地丰富和发展，每时每刻都在日新月异地发生着量和质的变化，特别是被称作“知识爆炸时代”“数字时代”“互联网时代”的今天。因而，我们这些为师者让自己的知识处于不断更新的状态，跟上时代发展趋势，不断更新教育观念，改革教学内容和方法，显得更为重要。否则，不去更新，不去充实，你那点知识就是一桶死水，终会走向腐化。通过学习，我深知作为人类灵魂的工程师，必须具有高尚的道德品质，对学生要有慈母般的爱心，且不断更新、充实自己的知识，做到与时代同步，才能培养出符合社会发展需要的人才，挑好肩上这幅教书育人的重担。作为一名教师，我认为在今后工作中首先应该以优秀教师为榜样，学习他们献身教育，甘为人梯的崇高境界。学习他们以德立教、爱岗敬业、忠于职守，树立良好的职业道德，真正热爱教育事业，以教育为快乐，热爱自己的工作岗位，扎扎实实地干好自己的本职工作，把全部的爱献给教育事业，献给我们学校的学生们。其次，要热爱学生。榜样的力量是无穷的，我会以优秀教师为榜样，满腔热情地投入到自己的本职工作中去，全心全意为学生服务。爱不应该是挂在嘴上，也不应该是肤浅的凡事包办，而应该深入到思想落实在行动上。家长把子女送到学校我们有责任把学生教育好、保护好、让每个学生都能在教师的爱护下和教育下健康的成长。在今后的工作中，我们要以求真务实的作风和崭新的精神风貌，向优秀教师那样努力工作，不求索取，以奉献为荣。积极进行“教书育人、管理育人、服务育人”的探索，忠诚党的教育事业。对他人宽容一些，多与人为善，与己为善。做到正人先正己，做事先做人，做一个坦坦荡荡的人。脚踏实地、不为名所累、不为利所趋，立足自己的岗位，努力工作和学习，以实际行动为我们学校的发展贡献自己的力量。

俗话说：活到老学到老。此话不假，时代在进步，孩子在成长，对老师的要求也就有所提高，所以，我们要不断加强学习，学习一些先进的教育教学理念，用学到的理论知识指导自己的实际工作，大胆创新，积极寻找适合学生的教育教学方法，让自己的脚步跟上时代的步伐，这样才不会被时代所淘汰。最后，我用这句话跟大家共勉：既然我们选择了教师这一行，我就要用我们的激情，用我们的爱心把这份光和热永远延续下去。

精神的洗礼

数学第一教研室

今天，我们聆听了张秀林老师的事迹报告，再次被张秀林老师独一无二、朴实无华的一生深深地触动。可以说，这位长辈、这位布鞋老教授的病逝给我们留下了无尽的悲叹遗憾，也为我们年青一代留下了无尽的宝贵财富。我们缅怀张秀林老师、敬仰张秀林老师，从中受到了一次次精神的洗礼。

张秀林老师心系国家，有很强的民族责任心。他虽然仅仅是一名华北科技学院的普通教师，但是他心系国家安危富强，立足于国家的利益、国民的尊严。用张秀林老师儿子的话“父亲一生都在跟日本人比效率!”，作为一名普通的中国人，张老师这是何等的气节！我们对张老师肃然起敬，我们要向张老师学习，树立民族安危富强的责任心。

张秀林老师心系华北科技学院，将自己毕生的心血奉献给了中国的教育事业，奉献在了华北科技学院。早在张秀林老师没有进入文法学院之前，他本已是一位处级干部，但是他依然放弃了自己处级干部待遇，回归普通教师，迈上了三尺讲台。当领导们不解地问他时，张秀林老师回答“我喜欢这份事业”。看似多么普通的一句话，有很多人都能说出来，但是又有多少人能迈出这铿锵有力的一步！张秀林老师迈出来了，他深深地热爱教育事业，他不计私利，把自己全部奉献给了高等教育事业。张秀林老师以他铿锵有力的声音回应着他自己喜爱的那句话“春蚕到死丝方尽，蜡炬成灰泪始干”。听到这里时，我们都能够深深地感受到一位长辈、一位导师、一位老教授对自己的工作何等地热爱，又是何等的投入！即便是在人生最后一程，张秀林老师已经很虚弱无力的时候，他还要坚持走进学校图书馆，去看他喜欢的时事政治、趁中午午饭时间自己坐进教室，重温他那喜欢的课堂。张秀林老师他心系教育，心系华科，他不舍，他眷恋。当报告讲到这儿的时候，我们在座的眼睛都湿润了。张秀林老师，我们会好好秉承您朴实无华的脚步走下去，为华科努力奉献自己的青春和热血，您放心，您走好！

张秀林老师一生勤俭节约、高风亮节。他多次应邀去参加国内各企、事业单位活动，无论讲座还是开会，所有会务组安排的参观旅游的活动都被他婉言谢绝了。他自律，他节约，他不舍得给别人添麻烦。张秀林老师一生没有更多的爱好，他酷爱看书，酷爱学习，酷爱自己的三尺讲台。

张秀林老师师德高尚，值得我们年青一代好好学习。在大家的眼里，思想政治课时是枯燥乏味的，但是在张秀林老师的眼里，它就像是炒菜一样需要不停地翻炒。一有时间他会走进图书馆，陶醉在知识的海洋里，为了更好地翻炒自己的课堂，坚持不懈的汲取营养。张秀林老师不仅课堂认真严谨，对待学生更是待之以礼，令学生深深的钦佩。张秀林老师习惯提前 5 分钟进教室，他要亲自站在门口，迎接学生进入课堂，多年来始终如一日。这一看似平凡的举动深深打动了一批又一批的莘莘学子，也震撼着我们这些年轻教师的心。在张秀林老师的追悼会上，学生们一批批、来自四面八方自发而来，他们都是放下手中的进行一半的工作，他们的想法只有一个，要见张秀林老师最后一面，要送张秀林老师最后一程。就在那一刹那，所有的语言都苍白无力，张秀林老师师德高尚，永垂千古。张秀林老师，永远是我们学习的榜样，是我们不竭的动力。张秀林老师，我们向您致敬。

张秀林老师不仅为学校建设出谋划策，还努力培养青年教师。作为华北科技学院校督导，他经常走进青年教师的课堂。凡是被张秀林老师听过课的老师都知道，见到张秀林老师时，张老师的第一句话总是说“我是来向你学习的”，离开教室总是一句话“您辛苦了”。张秀林老师一位德高望重的老教授，对我们青年教师这么的谦恭有礼，就这平凡的两句话，够我们年轻人学习一辈子。

千言万语都道不完对张秀林老师的敬意，我们要把对张秀林老师的思念化作工作上不竭的动力。学习张老师不能仅“停”在嘴上、“留”在心底，更应落实到工作中去。作为一名党员专职教师，我将首当其冲做好自己的教学工作，一心为学生，做学生喜欢的教师；把学生当作自己的孩子，做学生的知心老师、贴心老师、暖心老师；做一个让党放心、让同学们喜欢的好教师！

良师益友　终身楷模

赵家振

远学英雄、近学榜样，学先进、赶先进、宣传先进，这也是践行社会主义核心价值观的要求。作为有四十多年党龄的老党员，我有责任和义务宣传我们党优秀党员的先进事迹。

我和张教授在校督导岗位上共事十多年，他在学术上理论根基扎实，社会阅历丰富，在做人上品德高尚，为人正直，是一位可亲可敬的老人。

讲“两课”不容易，特别是讲好“两课”并得到学生的欢迎和好评更不容易，我没做到但张教授做到了。我在开毕业生座谈会时问学生：你们最爱听哪位老师的课？凡是上过张教授课的学生都异口同声地说：张秀林教授。张教授头上光环很多，如省级优秀教师、华北科技学院名师、优秀共产党员等，这次学校党委做出决定开展向张秀林同志学习也是建校以来的第一次。

在英国伊丽莎白女王墓碑上刻有这样一句话：悲伤是对爱付出的代价！作为老同事，老朋友，我也送给张教授八个字：良师益友，终生楷模！用一首诗和一副对联表示对张教授怀念和敬仰之情：

学海无涯泛飞舟，三尺讲台写春秋。
植桃播李育学子，尊师重教念孔丘。
科研权作催阵鼓，建休犹堪握吴钩。
最是夕阳多娇艳，夙愿以酬志未休。

上联：学春蚕，效蜡烛，千辛万苦结硕果。

下联：当园丁，做人梯，高风亮节收神州。

横批：为人师表

今天我们如何向张教授学习，学习什么？要如何接过他手中的接力棒，沿着他的足迹勇往直前？第一，潜心教学，着力提高广大师生对社会主义认同感。这个问题也是张教授生前最关注的问题之一，对待这个问题，他的思想、思路和原则是从理论和事实为依据，用对比法提高对社会主义认同感，这也需要我们每个老师在教学工作中深入学习社会主义理论体系、毛泽东思想、邓小平理论等，坚定信仰，高度重视学生的思想政治引领工作，在教书育人中坚定信仰，引领学生听党话、跟党走；第二，要学习他爱岗敬业、无私奉献。他为了讲好一节课，要查阅大量资料，收集大量信息，了解并掌握党的方针政策，并用大量事实和数据来阐明一个结论，真正做到理论联系实际，以理服人，在讲课中，用新中国成立以来的辉煌成就提高学生对社会主义认同感；第三，要学习他勤学好问。张教授善于向社会实践和生活学习，特别可贵之处在于向跟他讨教的学生学习。张教授一个特点是手中不离笔记本，不管开会、参观学习还是听报告，他都在专心记笔记，这类笔记本说不清保存了多少本，这就是财富；第四，引领新思想、新思路，迎接新机遇、新挑战。大家都知道我们靠山是煤矿，是黑金，是金山。当前国家能源战略发生了重大改变，这就要求学校领导和教职工共同拿出新思想和新思路，找出新方法，共同渡过难关。以改革精神制定好学校的“十三五”发展规划，推动学校事业再上一个新台阶；第五，作为教师，我们要向张教授看齐，立德树人扎根基。思考如何提高学生的创新和实践能力，正人先正己，引导骄子跟党走、听党话，这是教师天职和责任。

有知识就献给你的智慧，有热情就播撒你的爱心，有干劲就留下你的汗水，有品质就传播你的文明，一万年太久，只争朝夕。让我们团结起来，同心协力，扬帆起航，为把华北科技学院办成人民满意的大学，为安全生产事业服好务，做出更大的贡献。

斯人已去　精神永存

董瑞华

知道张秀林教授的事情是在今年9月份，当时心中骤然一惊，如此友善、令人尊敬的老师就这样离开了人世，一声哀叹油生。近期学校更是开展了向张秀林教授学习的倡议，这便让我在慨叹之余有了静心学习张秀林老师的先进事迹的机会。

作为一名教师，了解了张秀林教授兢兢业业工作的事迹后必然会感叹张老师将教师这一职业的光辉照射得如此深广，更会严格要求自己，积极学习张老师的精神，像张老师那样，用心做人，用心教学。

张秀林教授像兰花一样纯朴、高洁，对待自己的事业兢兢业业，对待同事礼让有加，严于律己，宽以待人。在平凡的工作岗位上做出不平凡的教学业绩。除了深得学生的爱戴，更赢得了同事的尊敬。

张秀林教授曾说："教育是一片云推动另一片云，一棵树摇动另一棵树，一个灵魂召唤另一个灵魂。"他将教育事业视为一门艺术，他的教学笔记像一件件艺术品，传递着他教育的思想和理念。

"春蚕到死丝方尽，蜡炬成灰泪始干"是张秀林教授一生的真实写照。斯人已去，精神永存。作为教师队伍中的一员，我们要学习他的爱岗敬业、无私奉献的精神！

一名共产党员的承诺

何　燕

张老师是我校一名普普通通的老教师，却多年来坚守在教学第一线，用自己的认真执着的工作态度，甚至用生命实现了一名共产党员的承诺，他是践行社会主义核心价值观的典范，也是践行“三严三实”的典范。

对张老师的深入了解是从学校发起号召开始，我特意从学校的网站搜到了张老师的照片，发现原来身边的一位和蔼可亲的督导竟然是他。看着网上他的学生对他的悼念刷满了屏，读着学生留给他写下了一串串思念的话语，不由得从心底里对张老师升起了敬佩之情。一名普通的老师能潜心钻研教学几十年不为身边名利所动，能使他教过的每一位学生受益匪浅并坚定对社会主义的认同感，能使每一位认识他的人对他的学识兢兢业业的工作态度竖起大拇指，可以说不得不令人佩服。

他的事迹很平凡，却于平凡中体现了“有理想信念，有道德情操，有扎实学识，有仁爱之心”的好老师的伟大。我觉得对于我们当代的教师而言，恰恰就应该向张秀林同志学习这种为人师表、呕心沥血的精神，学习他对教学工作认真钻研的态度、学习他任劳任怨无私奉献的献身精神。我觉得，作为一名教师，讲好一堂课不难，难的是课堂永远的精彩，而张老师做到了。

我想每一位教师都想成为张老师这样受人爱戴的好老师，榜样就在身边，让我们行动起来，向先进学习，查找差距，用共产党员的先进性标准严格要求自己，努力作为一名无愧于心的，受学生爱戴的好老师。也愿张老师一路走好！

平凡之中见伟大的精神

孟 韬

张秀林同志是我校人文社会科学学院的教授，2015 年 5 月 15 日去世。多年来他坚守在教学第一线，处处以共产党员的先进性、标准要求自己。爱岗敬业为人师表，恪尽职守，呕心沥血，是全校师生的楷模。

建筑工程学院组织开展了“学习张秀林，践行‘三严三实’”主题活动，邀请赵家振教授做专题讲座。赵教授以“教师育人 良师益友 引领学生听党话跟党走”为题，讲解他们两人共事十五年的点点滴滴。通过赵教授的讲解以及与人文学院教师的交流，我们进一步了解了张秀林同志的事迹，深刻感受到了他平凡之中见伟大的精神。

他是践行社会主义核心价值观的典范，也是践行“三严三实”的典范，他的事迹很平凡，平凡中体现了有理想信念、有道德情操、有扎实学识、有仁爱之心的好教师的伟大。他的事迹和精神，体现了共产党员的高度政治觉悟和优秀教师的高尚师德风范。

我们要学习他，学习他信念坚定矢志不渝的精神，学习他爱岗敬业，认真负责的精神。学习他，关爱师生，谦恭好学的精神，学习他任劳任怨无私奉献的精神，学习他艰苦朴素勤俭感恩的精神。

我要以张秀林同志为榜样，践行为人之道从师之道，特别在时代的今天，教师更要讲敬业和奉献，坚守着三尺讲台，辛勤耕耘，创新，默默奉献，因为在我们的心中学生永远是天使，教师就是为天使插上翅膀的人。

没有爱就没有教育

张正宁

张秀林老师将自己毕生的心血都奉献给了教育事业，桃李满天下，用自己实际行动影响了年轻教师和学生，践行了一名优秀共产党员应有的高尚情操。

张老师最令我受触动是那句“没有爱就没有教育”，一句多么朴素的话，又是那样的铿锵有力。的确没有爱怎么能有教育？爱是教育的源泉，对于爱的解读，我想到了两个意义：一是老师对学生们的爱。当一名教师把学生当作自己的孩子一样去爱，便不会一味地追求虚荣和成绩，而是会更加关注每一位学生的发展，一个教师只有真真正正地爱他的学生，他才会不遗余力倾其所学授之以渔。因为他更希望他的学生、他的孩子有真学问，掌握真正的技能，而不是那些连自己都似懂而非懂的理论；爱的另一层含义，我认为是教师对教育事业的爱，教育作为一项职业，它有它的职业要求，所谓“干一行爱一行”。我想作为一名教育工作者，一名优秀的共产党员，首先是因为他爱教育，其次是因为他自己深厚的知识底蕴。

一名普通的高校教师，没有惊天动地的伟业，他只是用身体力行书写对学生无限的爱，对教育工作无限的责任。学习他的事迹，我想不仅仅是感动，更应该将他那种爱岗敬业心系学生无私奉献的精神真正用到我们的工作中来，积极的用自身言行教育学生，以高尚的行为引导学生，以无私的爱包容学生，努力将学生工作做好，为学生发展甘为人梯，为推动高校育人事业而甘当铺路石。

教育工作者的楷模

杨美媛

张秀林，一个普通的名字，一个工作在基层的教师，却有一种奋勇向前的拼搏精神，有一种不为名利所动的高贵品质，坚守艰辛清贫的教育工作岗位；有一颗“不是我所生，却与我更亲”的爱生之心。这些都源于他无私奉献于教育事业的坚定信念，这种蜡烛精神让一个普通的名字响彻中国，传遍教育界，成为我们所有教育工作者的楷模！

学习了张秀林老师的先进事迹，我感慨万千，不断进取，坚守岗位，不为名利所动，爱生如子，这才是最崇高的师魂！同是教师，我深深为自己曾有过的抱怨感到羞愧，这次的学习让我改变了自己从教的想法，我不再把我的工作当作饭碗，而是作为事业认真去做，甚至当作国家、社会公益事业，只求付出，不求回报。我不再把学生当作获取绩效工资的工具，而是作为花朵去呵护，作为栋梁去培养。

我相信只要我们所有的教育工作者都有张老师的蜡烛精神，整个教育界一定满是辉煌！我感慨颇多，心情很不平静，特别是他身上表现出的高尚道德风范，更使我感动不已。

“穷且益坚，不坠青云之志。”像张秀林这些诚实质朴的人民教师，表现出了高尚的品德和顽强的意志，无私奉献，默默无闻，把自己的心血和力量献给教育事业，他们的身上闪烁着师德的绚烂光辉。孔子云：“其身正，毋令则行，其身不正，虽令毋从。”学习了张秀林的感人事迹后，也让我重新熟悉了教师这份职业，在如今的这个工作岗位上，我想我应该用一份真挚的态度去对待，争取做一名优秀的人民教师，为教育事业尽微薄之力。

闪烁着师德的绚烂光辉

张金华

党委组织我院全体教师学习张秀林教授的先进事迹，进一步缅怀深受广大师生爱戴的张教授。此次学习让我内心感动、受益匪浅。对张教授“于平凡中见伟大、于细节中见真情”的师德师范敬佩不已。

张教授是思想政治领域的资深教师，他从教几十年不追求功名，一生仅做老师，站在三尺讲台上，将本来很枯燥的思想政治课讲得绘声绘色。这一方面来源于张教授的知识渊博；另一方面更重要的是来自于他对教师职业的热爱，来自于他对渴求知识的学生的负责，还有来自于他对党的那份义务。他最常说的一句话是，不给党、不给单位添加负担。临终前也不忘嘱托自己的儿子赶快回学校工作，不要耽误了学生的事，自己不需要照顾。

社会的发展带来了科技的进步、人民生活水平的提高。但同时社会中也出现了一些不良的现象，比如“一切向钱看、一切以自我为中心、事不关己高高挂起、对得起学生就对不起自己”等。学习了张教授的事迹后顿时让我觉得很温暖。原来在我们的社会主义教育中仍然有许许多多助人为乐的人、敬业奉献的人。他们在生活的每一个角落，他们才是教师道德行为的主流，他们更是影响社会风气的中坚力量。

张极教授生活简朴、廉洁从教、克己奉公，言传身教，把自己全部的爱无私地奉献给了党和人民的教育事业。他的崇高品格和师德受到学生和教师的尊敬。张教授诚实质朴的人民教师表现出了高尚的品德和顽强的意志，无私奉献，默默无闻，把自己的心血和力量献给教育事业，他的身上闪烁着师德的绚烂光辉。

都说张教授的课讲得好，向来是座无虚席，可遗憾的是我没有机会听他的课了。但在今后的教育工作中，我更要不断加强政理论和教育理论学习，在教学和训练中以身教重于言教为本，时时注重自己的师德修养。在今后的岗位上要向他看齐，为学校各项工作尽全力献出自己的心血。

把自己的心血和力量献给教育事业

崔　蕾

学习了张秀林老师的先进事迹，我感慨万千，不断进取，坚守岗位，不为名利所动，爱生如子，这才是最崇高的师魂！同是教师，我深深为自己曾有过的抱怨感到羞愧，这一次的学习让我改变了自己从教的想法，我不再把我的工作当作饭碗，而是作为事业认真去做，甚至当作国家、社会公益事业，只求付出，不求回报。我不再把学生当作获取绩效工资的工具，而是作为花朵去呵护，作为栋梁去培养。

张秀林，一个普通的名字，一个工作在基层的教师，却有一种奋勇向前的拼搏精神，有一种不为名利所动的高贵品质，坚守艰辛清贫的教育工作岗位；有一颗“不是我所生，却与我更亲”的爱生之心。这些都源于他无私奉献于教育事业的坚定信念，这种蜡烛精神让一个普通的名字响彻中国，传遍教育界，成为我们所有教育工作者的楷模！

我相信只要我们所有的教育工作者都有张老师的蜡烛精神，整个教育界一定满是辉煌！我感慨颇多，心情很不平静，特别是他身上表现出的高尚道德风范，更使我感动不已。像张秀林这些诚实质朴的人民教师，表现出了高尚的品德和顽强的意志，无私奉献，默默无闻，把自己的心血和力量献给教育事业，他们的身上闪烁着师德的绚烂光辉。一个人，原来可以这样积极地对待工作和生活，可以这样真诚地与人相处，可以这样热情地帮助别人。

讲台是我们神圣教坛

张　倩

习近平总书记关于“严以修身、严以用权、严于律己，谋事要实、创业要实、做人要实”的重要论述，是高校教师特别是党员教师的成事之要、做人准则，更是做好教师工作应该遵循原则。

结合领会“三严三实”精神，我们全校师生开展了向张秀林教授学习活动。张秀林同志多年来坚守在教学第一线，处处以共产党员的先进性标准要求自己，爱岗敬业、为人师表、恪尽职守、呕心沥血，是全校师生的楷模。张秀林同志是践行社会主义核心价值观的典范，也是践行“三严三实”的典范。他的事迹很平凡，但却于平凡中体现了“有理想信念、有道德情操、有扎实学识、有仁爱之心”的好教师的伟大。他的事迹和精神体现了共产党员的高度政治觉悟和优秀教师的高尚师德师风。

作为一名高校教师，又是一名共产党员，我们要向张秀林教授学向，学习他心系学生，为教学事业无私奉献的精神。在课堂上，深入浅出把大家公认的枯燥理论讲得绘声绘色，大量的文史资料让学生们欲罢不能，听得津津有味，根本没有心思去逃课。这些都源于张教授丰富的教课经验及精心的课堂组织，当然更离不了全身心地备课。

作为一个高校党员教师，要向张秀林教授学习，严于律己的精神。认真上好每一掌课，把讲台看成是我们神圣教坛，尊重学生，尊重知识，不随意迟到、拖堂。

作为教育工作者，我们还要向张老学习，终生学习，不断进步的精神，只有老师博学了，学生才能在我们身上汲取更多的“营养”。才能做到一个合格的老师，一个让学生尊敬的老师。

做学生健康成长的引路人

曹　阳

张秀林教授是我校人文社会科学学院教授，他在工作中，处处以共产党员的先进性标准要求自己，爱岗敬业，为人师表，恪尽职守，呕心沥血，张教授是践行社会主义核心价值观的典范，也是践行“三严三实”的典范。他在平凡的岗位上做出了不平凡的事迹，于平凡中体现了有理想信念、有道德情操、有扎实学识、有仁爱之心的好老师的伟大。被全校教职员工认可，是我们学习的榜样。

读了他的先进事迹材料，我深深地为他这种热爱教育事业干一行爱一行的精神所感动。一是学习他信念坚定，矢志不渝的精神。学习他真学真信，真懂真用的理论，言行一致，表理如一，他将自己的一生致力于积极传播模范，践行党的理论，学生健康成长的引路人；二是学习他爱岗敬业认真负责的精神，他深爱三尺讲台，执教四十多年来，每堂课都提前五分钟站在教室门口迎接学生，他曾这样说过：“肃立门前迎接学生是我对学生和教学的尊重”。他认真对待教学，潜心钻研教案，每一堂课都是精彩 45 分钟；三是学习他关爱师生，谦恭好学的精神。他关爱青年教师成长毫不保留，耐心细致的进行传帮带。她热爱学生经常告诫学生要爱惜身体，养成良好生活习惯，作为教学督导，谦虚做人，他进课堂听课时，总是笑着对讲课老师说；“我是来向你学习的；”四是学习他任劳任怨无私奉献的精神，他经常讲：“只要对国家对社会，对民有利干什么都可以。”在工作面前从不叫苦不叫累，每当有难以安排的课程他都毫不犹豫地接受，默默克服各种困难，出色完成教学任务。病重期间大家去看他，他首先关心的不是自身健康，而是说："安排好的可现在上不了了，给教研添麻烦了。对不起学校，对不起学生；"五是学习他艰苦朴素、勤俭感恩的精神，他一生艰苦朴素，一双布鞋、一个布手提袋是他的经典形象，他常感恩之心，尽量尽心尽力帮助他人，成全他人。

我作为一名辅导员，要向张教授学习，学习他爱岗敬业、无私奉献的精神，学习他严格要求自己、一丝不苟对待工作，学习他求真务实、开拓创新的精神，要以他为榜样，严于律己，宽以待人，和学生健康成长的引路人。

为学生服务的一面镜子

林大超

今年“七一”前夕，学校党委开展了向张秀林同志学习的活动。张秀林教授作为我校教师的楷模，一生深爱三尺讲台，多年来始终坚守在教学第一线，他兢兢业业、潜心钻研、关心同事，热爱学生艰苦朴素，勤俭感恩，是全体教师的优秀代表。

作为一名战斗在教学第一线的普通教师，我深深地被张秀林老师的事迹所感动，虽然我也曾认真思考过如何搞好教育工作，如何为国家更好地培养人才，这些问题，但落实到行动上与张秀林老师的要求仍存在不小的差距，我想这次的学习活动中不仅是学校教学工作发展，一个十分重要的举措，于个人而言也是自己坚守教育岗位积极为学生服务的一面镜子。

从张秀林老师的事迹可以看出，教书育人工作是大事更是小事，是从小中见大的具体而烦琐的日常工作。正是这些表面上看来微不足道的小事，构成了教学工作优劣，人才培养成功与否的关键要素。张秀林老师用时间行动为我们生动地诠释了这些小事在教书育人工作这件大事中的不平凡的价值，这种价值，值得每一位教师用一生的努力去追求。

随着时代的发展，学生感兴趣的话题、关心的问题已经完全不同于自己大学学习那个年代，因此作为教师的我有必要更新自己的认识和观念。积极面对教学工作中所遇到的新问题和新现象，从表象上来看，当前的学生似乎并不是十分用功于书本学习，如果我们把这种现象与当前社会经济的发展联系起来想想，一定会提出与学生这种表现形式相一致的某些思考，这些思考，正是张秀林老师深为学生爱戴和激发学生认真学习的启示所在。

除了抱怨之外，也许我们还应该做点什么！通过向张秀林同志学习活动。我体会到实实在在的做事，而不是抱怨才可能成为一名合格的人民教师。

年轻老师的榜样

张瑞红

“既严以修身，严以用权，严于律己。有谋事要实，创业要实，做人要实。”这是习近平总书记的重要讲话，而我校教学名师张秀林教授则是“三严三实”的践行者。

认识张秀林教授是在刚到华科工作的那一年，他代表教师对刚工作的教师进行了座谈。印象是为人师表和蔼可亲，为年轻老师树立了榜样。

张秀林教授从教四十余年，都是提前五分钟，站在教室门口迎接学生上课。讲台左上方放着一只手表，和一个橙色的小小的保温杯，右手边放着的是课本，等到上课铃响了，张秀林老师才再次走进教室，站在讲台上开始他的讲课。张教授心系学生，牢记教学宗旨，作为一名老师，他讲好了每一堂课。张秀林教授严格地执行了教学中的五个环节，就是上堂课讲的内容与当堂课的内容衔接，充分体现引入到科学的科学性和逻辑性，引入新课的同时给学生讲清楚，这一堂课的重点是什么，难点是什么，学生要掌握的是什么，最后这堂课讲完之后还要总结，这叫作教学中的五个环节，遵守科学性、逻辑性和整个科学的发展规律。张教授心系课堂，勤于耕耘，无私奉献，学生反映课堂效果非常好，张老师讲课经常都说到嗓子发哑，上课很投入，富有激情，逃课的人很少，作为学校的教育督导，真正做到了“学为人师，行为世范”。

张秀林教授为人师表，正心，修身，严格自省，自励自律，时刻加强党性修养以良好的师德修养以身作则言传身教是教师的好榜样。张秀林教授务实取信，想着学生的发展，家长的重托，坚持一切为了学生，一切以学生需要为本，有效备课，设计好每个教学环节。教育学生时，尊重教育规律尊重客观事实，尊重学生的实际情况，脚踏实地一丝不苟的上好每节课。张秀玲教授不图虚名不务虚功脚踏实地实干，勇于承担，教学育人重担，以高尚的人格魅力赢得了同事的支持和学生的尊重。

作为一名高校教师，身边有张秀林教授这样的楷模，我们更要严以修身，严以用权，严于律己，同时还要做到做事要实，创业要实，做人要实。我们应紧密结合自己的教育教学工作，提升个人修养，严明工作纪律，脚踏实地工作，以学生为本，真正做到教书育人在自己的教学岗位上尽心竭力做出应有的成绩。

心系课堂　勤于耕耘　无私奉献

石祥锋

“既严以修身，严以用权，严于律己。又谋事要实，创业要实，做人要实。”这是习近平总书记3月9日下午，参加十二届全国人大二次会议安徽代表团的审议时说的话。短短一席话，却早已在街头巷尾百姓官员心中，口中广为流传。

我校教学名师张秀林教授，是“三严三实”的践行者。从教四十余年，提前五分钟站在教室门口迎接学生上课。左上方放着一只手表，放着的是一个小小的玻璃杯，右手边是课本，等到上课铃响了，张秀林才再次走进教室，站在讲台上开始他的讲课。张教授心系学生牢记教学宗旨。作为一名老师他讲好了每一堂课。张秀林教授非常严格地执行教学中的五个环节，就是上堂课讲的内容与当堂课的内容衔接，充分体现引入到科学的科学性和逻辑性，引入新课的同时给学生讲清楚，这堂课的重点是什么，难点是什么，学生要掌握的是什么，最后这堂课讲完之后还要总结，这叫作教学中的五个环节。遵守（教学的）科学性、逻辑性和整个科学的发展规律。

张教授心系课堂，勤于耕耘，无私奉献，学生反映课堂效果非常好，张老师讲课经常都说到嗓子发哑，上课很投入，富有激情，逃课的人都非常少。作为学校的教学督导，主要职责就是评估教师的教学水平，真正做到了“学为人师，行为世范”。

作为教育系统一名普通老师，我觉得要大兴学习之风、调查研究之风。做到用心用脑用功夫，加强党性修养，坚定理想信念，提升道德境界。作为一名党员就要解放思想，实事求是，积极深入学生，了解学生心声和呼声，回应学生所需。作为一名党员就要艰苦奋斗，踏实创业，勇于担当责任，勇于直面矛盾，善于解决问题。作为一名党员，就要深刻理解群众路线的总要求，践行“三严三实”，坚决抵制“四风”，在勤修身上下工夫，在严守纪律上较较真，在课堂教学效果上多探讨。

争当一名优秀的教育工作者

刘海波

张秀林同志是我校的一名普通教授，然而他在平凡的岗位上做出了不平凡的事，他不懈追求，坚守自己的理想信念。他的事迹，深深地打动了我，促进了我。我是一名教师，与他同在一所学校，我深感责任重大，我一定要像张秀林那样：以情感人，以理服人，以德育人，不辱使命，踏实工作，奉献自我。

要学习张秀林教授持之以恒的学习精神。张秀林同志与时俱进地学习，不断让自己的思想适应各种新形势，将学有所思内化于心，外化于行，面对各种新问题，从实际出发科学地创新，为教育事业发展做出自己应有的贡献。学习张秀林精神，就是要像张秀林同志那样刻苦学习，坚持不懈地用党的创新理论武装头脑。应该像张秀林同志那样，树立正确的世界观、人生观、价值观和利益观，以更加昂扬的精神状态面对自己的工作，在自己的工作岗位上做出应有的成绩，争当一名优秀的教育工作者。

要学习张秀林教授严谨治学精神。我认为，学习张秀林老师就要发扬严谨细致、孜孜以求的治学态度，切实提升自己的人文关怀意识和学术研究水平。像张秀林同志那样求真务实，做到表里如一、知行统一，像张秀林同志那样忘我拼搏，以高度的使命感和责任心开展工作。

要学习张秀林爱岗敬业、乐于奉献的精神。张秀林老师恪守科研职责，爱岗敬业。他热爱自己的教育事业，对本职工作给予极大的精力和热情，从中感受到自身的责任和乐趣，坚持创在本职，争在平时，追求

"卓越"，淡泊名利，无私奉献。在自己的岗位上建功立业，为党的教育事业奋斗终生。

通过学习张秀林的感人先进事迹，使我对人为什么而活又有了新的定义和解释，那就是把人生价值融汇于党、国家和人民的教育事业之中，把价值取向建立于社会主流精神和社会主义核心价值体系之中。伟大的事业孕育伟大的精神，伟大的精神推动伟大的事业。教育是一项崇高而伟大的事业。当前，我国已进入全面建设小康社会和构建社会主义和谐社会的重要时期，经济社会的发展需要大批的人才。广大教育工作者承担着培养人才的历史重任，肩负着传播党的创新理论和教书育人的神圣使命，所谓"传道、授业、解惑"。

张秀林同志生命不息、追求不止，自觉做马克思主义的永远守望者，甘心做默默无闻的人，努力干浩浩荡荡的事，让有限的生命在马克思主义的传播、研究和实践中彰显出崇高的价值，绽放出绚丽的光辉。通过张秀林事迹的深度学习，我认为，在建设和谐文化、实现中华民族伟大复兴的征程上，我们每一位教育工作者都要向张秀林同志学习，珍爱教书育人、管理育人、服务育人这份崇高的事业，不辜负党和人民的重托，立足本职岗位，投身改革建设，争取把对党的创新理论的宣传工作做得更多更好，为推动我国经济社会又好又快发展贡献自己一份微薄的力量。张秀林同志为我树立了榜样，我是一名教育工作者，在今后的工作、学习中将以为榜样，承担起传播先进思想，服务育人、贡献社会的神圣职责，以德学双馨、以身示范为追求，在工作中善于把那些最富社会正能量的精神价值挖掘出来，发挥一个教师应有作用，努力在社会主义道德建设中发挥示范表率作用。

每一位教育工作者学习的楷模

张伟光

最早知道“张秀林”这个名字，是刚来学校参加工作时，他作为学校的督导时听说的。他夏天总穿一件浅蓝色的、很旧的衬衫，冬季总是穿一件深色的夹克；而印象最深的是，他那双很旧的黑色布鞋。张教授给我的第一印象是朴素。知道了这位老人后，每次在校园里见到他，总是主动地打声招呼，但他似乎并不认识我；不过每次打招呼，他都用最真挚的微笑回应我，并轻轻地弯下身体鞠躬。他给我的第二个印象是谦恭。之后，和同事们聊天聊起他时，大家说张教授是一个工作十分努力的人，听说他每次上课前都要提前五分钟在教室门口迎接每一个学生，他给我的第三个印象是敬业。

今年运动会时，和同事们聊天，惊闻张秀林教授已经在 5 月 15 日永远地离开了我们，心情无比沉重，和张秀林教授最后一次见面时他消瘦的身影还历历在目。在通州殡仪馆为张老送别，看到了很多来自学校各个部门的领导和老师们，甚至还有自发前来的建工学院的学生！大家对张教授的尊敬，更让我无比震撼。向张教授的学习，应该是发自内心的，是要用实际行动的，他多年来坚守在教学第一线，处处以共产党员的先进性标准要求自己，爱岗敬业、为人师表、恪尽职守、呕心沥血，是值得每一位教育工作者学习的楷模。

张秀林教授作为一名党员，他做到了信念坚定、矢志不渝，用毕生的实际行动证明了共产党员应该在工作中不懈奋斗、永远对党忠诚；张秀林教授爱岗敬业、认真负责，从实际出发，毕生实践者新的教学方法，坚持从教学实践中积累资料，不断思考，不断获得创新的灵感；张秀林还做到关爱师生、谦恭好学，他没有老教授的架子，把毕生所学无私奉献给年轻教师，甚至做到向学生学习，不断改进教学方法；他任劳任怨、无私奉献，不讲报酬，在教学和督导岗位上堪称每一位年轻教师的良师益友；张教授艰苦朴素、勤俭感恩，从没见过他铺张浪费，甚至穿了多年的衣服也舍不得丢掉，穿了又穿。

全国上下正在深入开展学习和践行社会主义核心价值观，张秀林教授正是用实际行动践行着“爱国、敬业、诚信、友善”，身边的榜样，如此鲜活生动。他的事迹很平凡，但却于平凡中体现了“有理想信念、有道德情操、有扎实学识、有仁爱之心”的好教师的伟大。他的事迹和精神体现了共产党员的高度政治觉悟和优秀教师的高尚师德师风。

对比张秀林教授，深知差距很大。在今后的工作中，我要更加努力，爱岗敬业，多思考，勤钻研，努力践行新的工作方法，不断提高为师生服务的本领，为我校早日建成现代化大学贡献自己的力量。

用一生去学习的榜样

李　鹏

张秀林老师走了，但是他留给了我们很多值得学习的东西，他真正地做到了“春蚕到死丝方尽，蜡炬成灰泪始干”，这两句诗是张秀林老师一生最好的写照。我们要缅怀张老师，学习张老师的精神。

张老师常挂在嘴边的一句话是“健康工作五十年”，这是他的一个誓言，他时常这样来教育学生，也是这样来践行自己的誓言的，即使在手术后的不长时间，刚好是华科建校 30 周年，他依旧坚持参加校庆活动，在校庆活动上，张秀林老师仍然念念不忘他的誓言：健康工作五十年，他说：“我现在工作还不够五十年，所以现在我要积极地锻炼身体，早日恢复。这个誓言如果兑现，还有一个入党宣言：为共产主义事业贡献终生。所以我要尽快地恢复身体，恢复之后，再回到三尺讲台，为我们华科的教育事业再继续发挥我的光和热。”张秀林老师这样说的，也是这样做的，在他工作的近五十年里，张秀林老师勤勤恳恳，一生都在为热爱的教育事业奉献，张秀林老师格外珍惜自己的时间，只不过他把这些时间都投入到了教学当中，他把自己每天的工作都安排得满满的，毫不夸张地说，不是在上课，就是在备课。本来，60 岁退休，但张老师依然继续坚持在他热爱的讲台上，他把自己的一生都奉献给了党的教育事业，是我们这些做晚辈的用一生去学习的榜样。

“桃李不言，下自成蹊”，张秀林老师用他的言行默默地教育了一代又一代学生，他是一个“实干家”，张老师身体力行，他一生都任劳任怨的忙碌于讲台和课堂之间，默默地奉献着、教育着学生，这既是张老师的教学态度，也是他的教学艺术，这些风格在潜移默化的过程中慢慢带给了我们这些晚辈许多教育，张秀林老师对待同事无比关心，他常常主动要求把自己的课程排成晚课，或者周六的课，方便很多家在北京的老师能在周末回家团聚，他的这种做法默默无闻的，他对同事的那份关心是体现在行动上的。

张老师的另一个教学方式是真正值得我们这些晚辈学习的，在现代这个信息化时代，很多老师备课都是电子版的，可是，张老师的教案是手写的，而且，一直是手写的，不管教案有多长，张老师都是一页一页，字迹工整，认认真真的写出来的，每一页写的都是那么工整、细致。张老师的教案简直可以说是一件“艺术品”，这不仅是视觉上的享受，更是张老师那份对教学的热爱，对学生的那份责任，而这正是我们这些晚辈身上缺少，是值得我们认认真真地学习的，这种品质，是每一位教育工作者都该具备的。

“台上十分钟，台下十年功”，张秀林老师就是这样勤勤恳恳的为学生，为她热爱的教育事业贡献了他的一生，张秀林老师用他数十年来的每一个“五十分钟”完成了他“健康工作五十年”的誓言。

张秀林老师对工作的无比热爱，对同事的无比关心，对学生的无比尊重，这些都是值得我们这些做晚辈的去学习、去思考的东西，在今后的教学过程中，我应该以张老师为榜样，热爱教育事业，努力备好每一次课，认真上好每一堂课，把自己的无限热情投入到党的教育事业中去，为党和国家培养出更多优秀的实用型工科人才，

张秀林老师用他的点点滴滴的事迹教育着我们，指引着我们。我们一定追随张秀林老师的“誓言”，坚守三尺讲台，用每一个“五十分钟”来完成“健康工作五十年”的誓言。

把所有的光和热倾注到教书育人的事业中

马　可

对张秀林教授先进事迹的认真学习，使我更深入地思考一个问题，这也是我从教十多年来都在思考的问题：我们如何看待教育工作，或者更确切地说，教师的工作是什么？

我是班主任老师，也是专业课程老师，工作特点决定，对学生进行全方位的教育和管理是我的职责和任务，同时担负着引导大学生树立科学的世界观、人生观、价值观的重任。因此，班主任这个职位对我来说，育人比教书的分量更重一些。但与张秀林相比，深感差距很大。结合学习有感而发，谈几点体会。

教师岗位——特殊的岗位责任

人们常说，教师是人类灵魂的工程师，是燃烧自己照亮别人的蜡烛。我们自己如何看待教师这个岗位、这种职业呢？

不错，近年来，教师的待遇改善了，成为令人羡慕的职业，愿意当教师的人也多了。然而，清醒认识教师职责，还是个没有完全解决的问题。教师是一个岗位、一种职业，但更是一种责任。张秀林从教四十多年，他不计个人得失，一心只为教育，一心只为学生。燃烧自己，照亮别人，靠的是什么？是一种清醒的责任意识。教师可以在不同的教学实践中形成不同的教学风格，表现出不同的教学艺术，构建不同的教学模式，但是清醒的责任意识和在此基础上持久的内在动力，是教师完成卓有成效工作的必备条件。

张秀林不是“完人”，但他把有限的积淀变为无限的延续，我们向张秀林学习就应该深入研究教学内容，研究教学对象，以自己深入的研究带动深入的思考，把教书育人提升到科研的高度，以此支撑和升华教书育人的效果，增强教学内容的说服力和震撼力，以应对互联网覆盖全球的今天，各种思潮以更快的速度、更广的范围、更难以控制的方式影响着大学生。

教师岗位——执着的追求与奉献

教师的许多工作是无法量化的，是不可能通过工作量来反映的。执着的追求与奉献是坚守教师岗位，做好教书育人必备的品格。张秀林不惧清贫，不惧寂寞，不计报酬，他把追求与奉献当成一种责任，甚至当成一种享受。因此，不论在什么情况下，不论需要付出多大代价，他都能毫不动摇地常年坚持。报酬从来也不是我是否接受邀请的条件。教师获得的享受，不是被赞许，不是赢得掌声，而是他的讲授能得到对方回应，是被对方满意地接受时那种眼神、那种表情，是一届届学生能成为社会栋梁。

教师岗位——真挚的情感与爱

教师工作是通过教师的言传和身教两种途径进行的。身教就是教师默默地通过自身的行为来演示做人的道理，使自己成为青年学生思想上的向导、理论学习上的良师、心灵情感上的益友。多年的教学实践使我认识到，教师工作中感情的投入是不可缺少的。感情的投入给学生可亲、可信的感觉，能拉近与学生的距离，实现教师与学生情感上的交流。具体来说，就是严格要求与热情关心相结合，知识交流与感情交流相结合，课堂讲授与课后服务相结合，坚持言传和身教相统一。

所以，要真诚地做学生的良师益友。作为良师，我是学生思想上的引导者、人生道路的领航人；作为益友，我又必须转变居高临下的师生态势，坚持以理服人，以情感人。这样学生感到老师可亲不可惧，可信不可疑。实践证明，在学生心目中教师可亲才可信，可信所讲的道理才有说服力。这也就是教师教书育人中不可缺少的人格力量。

张秀林的事迹感染人、鞭策人、激励人，他的事迹使我更加感觉到：教师岗位是一种辛劳、一种付出，也是一种收获、一种享受。作为一名中青年教师，教师工作任重而道远，但我一定努力，持之以恒，把我所有的光和热倾注到教书育人的事业中。

我们永远的学习楷模

隋丽丽

张秀林教授已在我校工作近二十年，兢兢业业，作为一名教师，他身上有太多值得我们学习的宝贵品质。

我作为数学教师，虽然没有太多机会和张教授交流，但会经常在二号教学楼准备上课时遇到这位慈祥而亲切的教授。每次打招呼，张教授都会回以亲切的微笑，并且在电梯上，张教授经常会有一个让我深有感触的举动，每当在电梯口时，都会挨个老师问一下需要上几层，这样一个亲民的动作虽然很小，但能让我深深体会到他的亲民，以及他的细心。

听到张教授离世的消息，最先想到的一句话就是“春蚕到死丝方尽，蜡炬成灰泪始干”。他一生奋斗在教育前线，全校都开展了对张教授先进事迹的学习，通过张教授工作中的点滴描述，让我知道了他对待工作认真负责的态度以及与人为善的处事方式，在讲台上能把课程讲到深入骨髓的幽默，体现出其对知识的深度掌握，以及对学生接受状态的思考，可见其课后的付出。他的敬业是值得每个老师尊敬和学习的典范。张老师对工作的认真负责，对党的事业忠诚，是优秀的思政课教师；他勤勤恳恳、任劳任怨，是名副其实的“老黄牛”，吃的是草，挤的是奶。

连张老师的选修课，学生都特别爱听，作为教师能体会到这是有多么不易，选修课对于学生往往就是混学分的概念，需要教师被迫地督促才能保证全勤，而张老师的课，学生都是主动不旷课，课堂魅力可见一斑。作为年轻教师，学习的道路还很长，张老师是我们永远的学习楷模，教师是神圣的职业，也是负有使命的职业，职业道德和操守对学生的培养起着关键作用，做一个受学生爱戴，也要有原则的教师是我奋斗的目标，向张老师学习到底！

从事教育事业　做好本职工作

潘玉民

我校决定在全体教职工中开展向张秀林同志学习的活动，进一步彰显、弘扬张秀林同志的先进事迹和高尚情操，对促进我校教育教学工作具有非常重要的意义。作为一名高等学校教师，通过学习张教授的感人事迹，对如何从事教育事业，做好本职工作深受启发。

张秀林教授多年坚守在教学第一线，处处以共产党员的先进性标准要求自己，爱岗敬业、为人师表、恪尽职守、呕心沥血，是全校师生学习的楷模。从网络及相关材料介绍可知，张秀林教授是践行社会主义核心价值观的楷模，也是践行“三严三实”的典范。他的事迹虽然平凡，但在平凡中体现了“有理想信念、有道德情操、有扎实学识、有仁爱之心”好教师的伟大，于细微处见精神，张秀林教授无私奉献精神，对工作认真负责，一丝不苟，任劳任怨，淡泊名利，勤勉敬业的精神，体现了共产党员的高度政治觉悟和优秀教师的高尚师德师风，非常值得我个人学习与效仿。

在教学中，张教授潜心钻研教学法，以谦恭细致的教学态度，独特的、富有启发性的教学艺术，理论联系实际，把知识和生活联系起来，使课堂讲活，使教学过程形象生动。树立终生学习的理念，对课程知识深度掌握，教会学生用心思考，尊重学生，热爱本职工作，忠诚党的教育事业，并具有艰苦朴素的生活作风，这一系列闪光点和亮点都是一名优秀教育工作者应具有的品质。

作为一名高校教师，我认为自己应始终以张秀林同志为榜样，践行为人之道，从师之道。学习他信念坚定、矢志不渝的精神；学习他爱岗敬业、认真负责的精神；学习其关爱师生、谦恭好学的精神；学习他任劳任怨、无私奉献的精神；学习张教授艰苦朴素、勤俭感恩的精神。尤其在当今时代，教师更要讲敬业精神和奉献精神。在自己从事的教学岗位上，深入钻研教材，立足教育教学改革，立于教学改革潮头，坚守在三尺讲台辛勤耕耘、开拓创新、默默奉献，为实实在在提高教育教学质量贡献自己的一分力量。

张教授的感人事迹，展现了共产党人的高尚品格和精神境界、优良作风以及高风亮节。给我们党员、教工树起了一面旗帜，他是我们学校的宝贵精神财富，是我们学校的骄傲，也是广大党员领导干部践行“三严三实”最生动、最有说服力的教材。

结合当前开展的“三严三实”专题教育，以及常年进行的师德师风教育，对照典型查找自己存在的差距，力求做一个高尚的人，一个纯粹的人，一个有道德的人，一个脱离了低级趣味的人，一个有益于人民的人。爱岗敬业、关爱学生、严谨笃学、无私奉献，努力做社会主义核心价值观的模范践行者，为学生的健康成长提供指导。

结合向张秀林教授学习的活动，我应认真学习党的十八大会议精神、十八届三中全会精神以及习主席一系列重要讲话内容，不断使自己的思想得到升华，保持共产党员的先进性。作为一名党员，必须要深入学习领会习近平总书记重要讲话精神，把握中央提出的一系列新要求、新部署，切实把思想和行动统一到讲话精神上来，努力在自己的教学工作中进行实践。学习教育法规，依法从教。努力提高专业技术水平和教学实践能力，保证教学任务的同时在科教研方面的取得新展，为学科建设、专业建设尽自己的一分力量。

坚持解放思想、实事求是、与时俱进、开拓创新，增强做好本职工作的责任感和使命感，为我校的繁荣与发展做出努力。

身边有这样的楷模

曹 荣

习近平总书记在安徽代表团参加审议时，关于推进作风建设的讲话中，提到“既严以修身、严以用权、严于律己，又谋事要实、创业要实、做人要实”的重要论述。严以修身，就是要加强党性修养，坚定理想信念，提升道德境界，追求高尚情操，自觉远离低级趣味，自觉抵制歪风邪气。严以用权，就是要坚持用权为民，按规则、按制度行使权力，把权力关进制度的笼子里，任何时候都不搞特权、不以权谋私。严于律己，就是心存敬畏、手握戒尺，慎独慎微、勤于自省，遵守党纪国法，做到为政清廉。谋事要实，就是要从实际出发谋划事业和工作，使点子、政策、方案符合实际情况、符合客观规律、符合科学精神，不好高骛远，不脱离实际。创业要实，就是要脚踏实地、真抓实干，敢于担当责任，勇于直面矛盾，善于解决问题，努力创造经得起实践、人民、历史检验的实绩。做人要实，就是要对党、对组织、对人民、对同志忠诚老实，做老实人、说老实话、干老实事，襟怀坦白，公道正派。要发扬钉钉子精神，保持力度、保持韧劲，善始善终、善作善成，不断取得作风建设新成效。

我校教学名师张秀林教授，是“三严三实”的践行者，是我们所有教育工作者学习的楷模。

张秀林教授为人师表，正心、修身，严格自省、自励、自律，时刻加强党性修养，以良好的师德修养，以身作则，言传身教，是学生的好榜样。

张秀林教授务实取信，想着学生的发展，家长的重托，坚持一切为了学生，一切以学生需要为本，有效备课，设计好每个教学环节，教育学生时，尊重教育规律、尊重客观事实、尊重学生的实际情况，脚踏实地，一丝不苟地上好每节课。

张秀林教授不图虚名，不务虚功，脚踏实地，实干，勇于承当教书育人重任，以高尚的人格魅力赢得了同事的支持和学生的尊重。

作为一名高校教师，身边有张秀林教授这样的楷模，我们更要严以修身、严以用权、严于律己，同时还要做到做事要实、创业要实、做人要实。我们应紧密结合自己的教育教学工作，提升个人修养，严明工作纪律，脚踏实地工作，坚持以学生为本，真正做到教书育人，在自己的教学岗位上尽心竭力做出应有的成绩。

以高尚的人格魅力赢得尊重

赵少飞

我校教师张秀林教授爱岗敬业，热爱本职工作，是“三严三实”的践行者，是我们所有教育工作者学习的楷模。

“三严三实”就是要加强党性修养，坚定理想信念，提升道德境界，追求高尚情操，自觉远离低级趣味，自觉抵制歪风邪气。就是要坚持用权为民。按规则、按制度行使权力，把权力关进制度的笼子里，任何时候都不搞特权，不以权谋私。就是要心存敬畏、手握戒尺。

慎独慎微、勤于自省，遵守党纪国法，做到为政清廉。就是要从实际出发谋划事业和工作，使点子、政策、方案符合实际情况、符合客观规律，符合科学精神。不好高骛远，不脱离实际。就是要脚踏实地、真抓实干，敢于担当责任，勇于直面矛盾，善于解决问题，努力创造　经得起实践、人民、历史检验的实绩要对党、对组织、对人民、对同志忠诚老实，做老实人，说老实话，干老实事，襟怀坦白，公道正派。就是要发扬钉钉子精神，保持力度、保持韧劲，善始善终、善作善成，不断取得作风建设新成效。

张秀林教授务实取信，想着学生的发展，家长的重托，坚持一切为了学生，一切以学生需要为本，有效备课，设计好每个教学环节，教育学生时，尊重教育规律，尊重客观事实，尊重学生的实际情况，脚踏实地，一丝不苟地上好每节课。他不图虚名，不务虚功，脚踏实地，实干，勇于承当教书育人重任，以高尚的人格魅力赢得了同事的支持和学生的尊重。

我要以张教授为榜样，严以修身、严以用权、严于律己，同时还要做到做事要实、创业要实、做人要实。紧密结合自己的教育教学工作，提升个人修养，严明工作纪律，脚踏实地工作，坚持以学生为本，真正做到教书育人，在自己的教学岗位上尽心竭力做出应有的成绩。

为了使别人生活得更美好

邓永红

张秀林老师是我校人文社会科学学院教授，中共党员，2015 年 5 月 15 日去世，享年 72 岁。张秀林同志多年来坚守在教学第一线，处处以共产党员的先进性标准要求自己，爱岗敬业、为人师表、恪尽职守、呕心沥血，是全校师生的楷模。

张秀林老师是践行社会主义核心价值观的典范，也是践行“三严三实”的典范。他的事迹很平凡，但却于平凡中体现了“有理想信念、有道德情操、有扎实学识、有仁爱之心”的好教师的伟大。他的事迹和精神体现了共产党员的高度政治觉悟和优秀教师的高尚师德师风。他认真履行人民教师的神圣职责，适应时代要求，兢兢业业，不懈追求。他坚持教改实验好几十年，培养出大批德、智、体全面发展的优秀学生。张秀林老师以五十余载的教育实践实现了他“个人来到世界上，是为了使别人生活得更美好”的誓言，并以高尚的师德，精湛的教学，无私的奉献，突出的业绩，赢得了学生家长的尊敬和社会各界的赞誉，为教育事业做出了突出贡献。

作为华北科技学院电信学院的教师，我们要深入学习张秀林同志的精神，要坚定不移地向他学习，积极投身教育事业的各项改革之中。对照典型查找差距，见贤思齐，做一个高尚的人，一个纯粹的人，一个有道德的人，一个脱离了低级趣味的人，一个有益于人民的人。

张秀林老师是我校教育工作者的优秀代表，我们要以张秀林老师为榜样，不断提高自己的思想素质和业务素质，将各自的平凡工作与华北科技学院发展的宏伟目标紧密结合；将各自的奋发努力融入华北科技学院的教育事业整体发展的实践之中，振奋精神，统一思想，围绕中心，服务大局，大胆创新，为华北科技学院教育事业全面进步做出应有的贡献。

无愧于教师的称号

李　晶

我印象中那个经常穿着洗得发白的灰布中山装的、和蔼的长者永远地离开了我们，缅怀他的同时我了解和感悟了他工作和生活中那些感人的片段，让我从此深深的记住了一个名字——张秀林，一个一生无愧于国家、无愧于学校、无愧于学生、无愧于他人的人民教师。

我深深震撼于张老师生活上的艰苦朴素到了极致，在他看来吃穿住行只要能满足基本需求就行，接近苦行僧的物质上的无欲无求在这个社会产品丰富的年代我自认为做不到，也许也永远达不到张老师的那种境界，但这仍然不妨碍我对他的敬佩之情，也同时反思自己应该在以后的生活中杜绝奢侈浪费。因为比之物质生活的享受来说，精神上的财富更重要。

张老师的一生正是从他钟爱的教学事业中得到了极大的精神财富。一个小小的三尺讲台，凝聚了他对学生细心的关爱，对知识的不断汲取、对教学工作的一丝不苟。无论是课前五分钟对学生的迎接，还是常讲常新的教案、生动幽默的课堂，都是他对教师与学生、授课与学习关系的完美演绎。他带给我的不仅仅是对教学的思考，还有对把有限的精力如何投入到力所能及的工作中、投入到对学生的教育中的思索，我想也只有像张老师那样摒弃名与利、还教育工作以本来面目，才能无愧于教师的称号。

张老师的一生“知行合一”，把站在讲台上课看作是教师的本分，更当作自己的生命。现在即使他离开了我们，但是他的这种精神将会被我们牢记和学习！

做好本职工作的“小事”

隋晓梅

记得刚刚听到同事的谈话，得知张秀林老师已经走了，我的第一反应是心里“咯噔”一下，特别不是滋味，仿佛他一年前上课时精神饱满，满怀激情，娓娓而谈的情景还历历在目。我虽与他仅有同事缘分，但他的精神足以影响我以后的人生之路，这位誓为党的事业奉献终生，用他的一言一行全心全意地为下一代树立榜样的党的优秀工作者，如今却与我们阴阳两隔，但无疑他履行了自己的誓言：“健康工作五十年，幸福生活一辈子，”无愧于一名优秀共产党员。

张老师不仅课讲得好，而且为人正派，勤俭朴素，淡泊名利，现在一些年轻老师很缺乏这样的精神。我们要将这一精神继承下来，并发扬光大。做好本职工作的“小事”，就是做好了教书育人的大事。一学年来，我认真备课、上课，及时批改作业、讲评作业，做好课后辅导工作，广泛涉猎各种知识，形成比较完整的知识结构，严格要求学生，尊重学生，使学生学有所得，从而不断提高自己的教学水平和思想觉悟，并顺利完成教育教学任务。

随着教育教学改革的不断深入，时代对教师的要求越来越高，越来越严。要求教师终生学习，自觉进行知识与观念的更新。增强自身修养与适应能力，不断提升自己的综合文化素养。作为基础教育的一员，要适应形势的需要，跟上时代的步伐，认清素质教育对人才培养的时代标准，就要不断学习，更新教育理念。因为良好的教师素质是提高教育质量的关键，是提高课堂效率，落实素质教育的根本。教师只有不断学习，不断进取，不断完善自我，才能在课堂教学中适应教材、适应学生、适应课堂，才能在课堂教学中渗透符合时代信息的活水，才能常教常新。

坚守在教学科研工作第一线

张　涛

张秀林老师为华北科技学院思想政治教研室教授，一生都奋战在教学科研工作第一线，在平凡的岗位上创造出不平凡的业绩。2015 年 5 月，张秀林同志不幸病逝，离开了他钟爱的教学科研工作。张秀林同志的离去，在校园内外、师生之间引起强烈缅怀，并激发了大家向张秀林同志学习的热潮。

通过对张秀林同志工作生活的追忆，并通过对张秀林同志先进事迹的学习，本人的心得体会如下：

一、学习张秀林同志对待工作的“崇敬之心”

心理学家认为，人们对待所从事的工作态度有三个层次：一是持有一个打工的机会（Job）；二是获得一个职业（Career）；三是回应一个使命（Calling）。显然，张秀林同志对待工作的态度属于第三层次。他对待工作的要求远远超过工作本身标准的要求，他一生深爱三尺讲台，多年来始终坚守在教学科研工作第一线，兢兢业业、潜心钻研，始终视工作为使命。

学习张秀林同志对待工作的“崇敬之心”，就是要学习他对工作所怀有的敬畏之心，从无丝毫的马虎懈怠。对照自身的教学工作，在教学准备过程中，要认真备课，吃透教材内容，理顺教学内容之间的关系，决不能将自己没有理解清楚的内容讲给学生，始终坚持教学工作质量的标准。

二、学习张秀林同志对待工作的“纯净之心”

在平时工作和日常生活中，张秀林同志关心同事成长、热爱学生培养，但从不奢求任何回报。

学习张秀林同志对待他人的“纯净之心”，就是要学习他帮助他人而不求回报的无私之心。学习他支持中青年教师成长，不断提高他们的业务素质；学习他热爱学生，悉心教育学生成材，不断增长他们的学习本领。

三、学习张秀林同志对待工作的“平静之心”

张秀林同志虽然在教学科研中取得很大成绩，但他为人低调、生活朴素，从不骄傲自满。

学习张秀林同志对待成绩的“平静之心”，就是要学习他谦虚谨慎、戒骄戒躁、永不自满的平常之心。学习他一生勤奋，扎根基层努力工作，在平凡的岗位上创造出不平凡的业绩，但始终能够以平常心对待成绩和荣誉，甘当人梯，默默奉献。

总之，张秀林同志多年来始终坚守在教学科研工作第一线，他兢兢业业、潜心钻研，关心同事、热爱学生，艰苦朴素、勤俭感恩，是高校教师的优秀代表。张秀林同志的优秀感人事迹，展现了共产党人的高尚人格、精神境界和优良作风，是高校教师的学习榜样和实践模范。

用爱心把这份光和热永远延续下去

朱 琳

听了张秀林老师的先进事迹报告后，他那一心只为教育的事迹深深感动着我，震撼着我，让我陷入深深的思考。曾经有幸听过一次张秀林老师的课，老师用自带的抹布把黑板擦得干干净净，印象中张老师讲课铿锵有力，富有精气神，字字珠玑，让人敬佩。

作为一名年轻教师，我要与张老师共享同一种精神，同一种信念，同一种态度，同一种体会，那就是奉献尊严和甘为人梯。在以后的教育职业生涯中，我将在张老师精神的启迪和鼓舞下，树立正确荣辱观，增强学高为师，身高为范，教书育人的教师使命感，不断强化自己，作为一名教师的责任心，我将从以下方面努力。

一、端正态度。要想让工作有亮点一定要端正态度，态度决定一切，教学态度是至关重要，只有端正态度，把教学作为事业来做，把教学作为艺术来研究，才可能上出高质量的课，才能让课堂亮点不断闪现，不枉教师的使命。

二、拥有一颗真诚的爱心。对待别人的孩子要像对待自己的孩子一样，我们都应该学会换位思考，当我们希望别人怎么教育自己的孩子时，就一定得怎么教育别人的孩子，当家长把孩子送到我们手上的时候，他们给了极大的厚望，所以我们要像爱自己的孩子一样真诚的爱他们，用真实的情感去感染他们，叩击他们的心扉，激起他们的感情和波澜，这是一种责任。总而言之，作为教师我们又用自己的爱心、信心和关心让学生真正能健康快乐地成长，那才是我们最大的心愿。

三、与时俱进，开拓创新。都说人生要活到老学到老，时代在进步，学生在成长，对老师的要求也有所提高，所以我们要不断加强学习，学习一些先进的教育教学理念，用学到的理论知识指导自己的实际工作，大胆创新，积极寻找适合学生的教育教学方法，让自己的脚步跟上时代的步伐，这样才不会被时代所淘汰。

像张秀林老师这样优秀教师的事迹感染人、鞭策人、激励人，他的事迹还让我更深刻地感觉到：教师的辛劳，付出也是一种收获与享受。既然选择了教师这一神圣的职业，我就要用我的真情与激情，用爱心把这份光和热永远延续下去。

点滴篇

生前同事举办学习张秀林事迹座谈会　抒发点滴心得与感悟

真正把教育作为他的生命

薛鹏骞

2000年来到学校，听说张老师课讲得好，同时也非常敬重张老师的人品，总是非常谦和，彬彬有礼，毫无长者或教授的架子。张老师乐于奉献，很少索取，真正把教育作为他的生命。对家庭、对家人，张老师认真负责，呵护备至，他的爱人没有工作，但张老师对他的爱人非常好，在校园内我们经常碰到他们一起散步，张老师总是乐呵呵的介绍他的爱人。生活上简朴，一个布袋，一双布鞋，随身带个小本，随时记录，字迹非常工整。

踏踏实实做人　勤勤恳恳做事

马登军

全体老师要学习张秀林老师踏踏实实做人、勤勤恳恳做事的态度和风格，尤其是他爱岗敬业、谦恭好学的精神，以及不辞辛劳，热心指导和帮助青年教师成长，关心和培养学生成才等。号召他的这种精神，立足岗位，做好自己的本职工作。在日常的学习和教学工作中，努力践行社会主义核心价值观，践行“三严三实”。以此次活动为契机，积极培养热爱教育、热爱学生、热爱岗位的崇高师德，努力提升教学技能，建设优质学科。让每位教师成为知识内涵丰富，教学技能纯熟，教学质量优秀、思想品德高尚的人民教师。

一位令人尊重的好老师

王玉怀

张秀林老师我认识，是一个很朴实、教学很严谨的老师，上课前，他总是在教室门口等待学生，为人谦虚，对人友善，学生们对他的评价都很好。是一位令人尊重的好老师。值得我们大家好好学习。

在平凡的岗位上做出不平凡的业绩

苏永强

张老师的先进事迹感人至深，他“立德树人、爱岗敬业，坚忍执着、潜心教学，心系学校发展，甘于奉献”，在平凡的岗位上做出不平凡的业绩，展现了高校教师的不懈探索和执着追求，展现了优秀教育工作者的高尚师德和责任担当。学习宣传张老师的先进事迹，我们责无旁贷，义不容辞！我们要要把学习宣传活动与师德教育结合起来，与深入开展党的群众路线教育实践活动结合起来，与开展的“三严三实”专题教育结合起来，与培育和践行社会主义核心价值观结合起来，引导广大教师以张老师为榜样，爱岗敬业，关爱学生，严谨笃学，无私奉献，努力做社会主义核心价值观的模范践行者，做学生健康成长的指导者和引路人，做良好社会风尚的积极推动者，不断提高立德树人、教书育人水平；要把学习活动与推进教育工作结合起来，真正把学习活动激发出来的动力转化为加快教育领域综合改革、推进教育现代化建设和办好人民满意教育的实际行动。

张秀林老师的教学精神

吴 顺

张秀林老师的教学精神使我深受感动，张老师常年默默无闻坚守在教学的第一线，没有华丽的外表，没有鲜亮的光环。他靠自己的不懈努力，孜孜不倦的追求，得到了学生、同事和领导的认同。他积累了丰富的教学和育人经验，“教就是教做人，育就是育心灵。”生活即教育，教育也是生活，社会即学校，学校也是社会。张老师一直认为，教书和育人是不可分割的，是紧密相连的，在学习上我们是学生的师长，但在生活上我们可以做学生的朋友。张老师认为宽容有时比粗暴更有震撼力，有震撼力就有凝聚力，和谐就是教育，张老师在教学上倾注的就是一个“爱”字，做思想工作突出一个“细”字，使用方法表现一个“和”字，处理棘手问题单用一个“巧”字。张老师的教学精神将永远鼓舞着我认真做事，他的朴实态度也将鞭策着我要踏踏实实做人、认认真真做事，在此真诚地向张老师说一声“谢谢”。

淋漓尽致的体现

陈　藏

张老师给我们最深刻的印象就是布包、布鞋，在 2013 年评估期间，张老师真是工作严谨、把关严格，所有的支撑材料一点一点过，发现问题，及时跟我和师皓宇联系，但态度非常客气和蔼，在观测点综述材料的审核中，张老师逐字逐句的过，真正做到一丝不苟，甚至每一个字、每一个标点符号都要反复推敲，我党社会主义核心价值观“爱国、敬业、诚信、友善”在他的身上得到淋漓尽致的体现。

平凡中伟大的师德师范

李　楠

父母和张教授原来是一个单位的，我从 15 岁就认识了张教授。多年来，体会深刻，见到了张教授在路灯下备课；见到了张教授剪报纸准备教案；见到了上课前站在教室门口，等着学生们来上课，等到上课铃响了，张秀林才走进教室，站在讲台上，开始他的讲课。与张教授认识二十年，深刻领悟张教授平凡中伟大的师德师范。

坚强的内心　敬业的情怀

张凤岩

由于岳父得的病与张秀林老师一样，知道食道癌后期是多么痛苦，但在看望张老师时，看到的是坚强，张老师谈论的仍然是工作，仍对不能坚持上课感到耿耿于怀，这是多么坚强的内心，多么敬业的情怀。

用全部的生命抒写自己的职业

张艳丽

关于张老师，我没有亲历，但看到、听到他的事迹很多，听着听着，不禁懊恼自己来得太迟，无缘结识这么好的前辈，实在遗憾！看了同事们缅怀张老师的文章，我也忍不住眼睛湿润了。真正的教师应该是用全部的生命抒写自己的职业的人，他的感觉中要有学生，他的感情中要有学生，他的想象中要有学生，他的理解中要有学生，他的思想中要有学生。必要的时候，他的装束、他的仪表、他的手势、他的微笑、他生命活动中的一切，都要以学生的需要为依归。张老师走了，死生契阔，不经意间，我们竟与敬爱的老师隔开了这个世界上最遥远的距离。人生总有太多遗憾，但我们总得活在当下。我想，对于我们这些年轻人来说，踏实做好本职工作，用心上好每一堂课，可能是对老师最好的纪念吧！

他成功地做到了这一点

杨丽君

缅怀张秀林老师：我对于张老师最深的印象是他授课一直都是情感充沛，能够充分感染听者，尽管很多人觉得政治课可能很枯燥、很教条，但张老师的课绝对可以打破这个印象，他总能联系现实的很多问题，侃侃而谈，节奏如行云流水，声若洪钟，我觉得能够在讲台上始终保有激情和热情是不容易的，但是张老师很成功地做到了这一点。而在课下，张老师一直谦逊有礼、热心帮助青年教师成长。不管在教学上还是待人处事方面，张老师都是值得敬仰、值得学习的。

在心里永远怀念他

杜丽萍

看到同事们缅怀张老师的文章，我也深受教益。张老师兢兢业业的工作态度，谦逊热忱的处事作风，以及对后辈的爱护提携，都令人感到敬佩和温暖。真正的老师，以身作则，行不言之教，胜却千言万语。我们也会在心里永远怀念他！

作为一名教师应该担起的责任

潘　婧

张老师给我的印象非常和蔼可亲，精神十足。虽然六七十岁了，依然站着讲课，不用话筒，每次听到他那沙哑的嗓音，都为他感到心疼。张老师尤其关心新老师的成长，记得他作为督导听了我的几次专业课，每次都来得很早，认真准备，下课后跟我细心沟通，指出我授课存在的优点及不足，诲人不倦，使我受益匪浅。让我记忆最深刻的就是他的那句名言：健康工作五十年，幸福生活一辈子。感谢您！张老师，是您教会了我作为一名教师应该担起的责任！

我是来学习的

李　涛

张老师是我这一生最为尊敬的老师之一。他对工作认真负责的态度深深影响着我。让我印象最深的是，作为督导，他每次来听我的课的时候，都说“我是来学习的”，让我们这样还算比较年轻的教师没有太大的压力感。每次听课的时候，他都在认真记录；每次听完课后，他总是不断鼓励我，态度十分亲切，让我在增强自信心的同时，也学习了很多东西。在得知我担任系主任后，有一次张老师遇到我，还语重心长地对我说：“今后你的担子更重了啊！”这让我感受到了他的关怀，也让我觉得无比温暖。所以，除了他认真的工作态度，还有他与人为善的处事方式，这些都是值得我们大家学习的。我觉得，张老师真的是为人师表的典范，是值得我一生学习的导师。

走好我的教学之路

卢芳华

张老师德高望重，对青年教师成长倾注心血，我是 2011 年来校的新人，来校后，张老师多次走进课堂，指导教学，从教学方法到内容设计，从教学仪态，到教学语言，细致入微的指导让我感受到教学的魅力和艰辛，也让我更加热爱这份工作。感谢张老师的指导，我会记住教授的句句箴言，走好我的教学之路。

最值得我学习的地方

楚风华

张秀林老师值得我们学习的地方很多很多，最值得我学习的有如下三点：一是终生学习业务。他在生命的最后时间里，还常常手提一个大布兜子，戴着口罩，经常在图书馆看书、看报；二是尊重学生，他每次上课前，总是站在教室门口微笑迎接学生的到来；三是艰苦朴素的生活作风，几十年来一贯保持。

德高望重的一代名师

焦晓菲

张老师，是德高望重的一代名师。曾经听过他老人家的课，以非常生动的语言，讲的“文革”简史。讲正式内容前，他还非常有趣地讲了历史上的今天的插曲，课堂气氛非常生动活泼。语言非常精彩。我觉得法学老师需要深入思考，如果我们也能把深奥的法学理论穿插些有趣的名言名句，我们的课堂可能会更生动更精彩。法学是最有生命力的学科，也是最需要文采点睛的，我们应该好好思考和总结。这是我缅怀张老师的感受。

一颗真诚的心感动了所有师生

王虹玉

张老师用一颗真诚的心感动了所有的师生，默默地奉献在教学一线。作为一名普通教师，我不仅要学习张老师一丝不苟的教学态度和孜孜不倦的教学精神，更要学习他真诚、平等对待每一位老师和学生的高尚的情怀。缅怀张秀林老师，要始终牢记育人为本的宗旨，全心全意为教育的坚定信念；学习他始终保持对教育事业、对华科的热爱和激情，心中不忘他人，始终心怀学生；学习他不畏困难，几十年如一日，不断提高和增强自身学习能力的优秀品质。

人生路上的导航灯

侯春平

“春蚕到死丝方尽，蜡炬成灰泪始干”正是对张老师一生的写照，张老师的豁达大度、宽厚仁慈、与人为善、助人为乐、同情弱者、关爱学生，这在全院都是众所公认的，有目共睹，有口皆碑。很多老教师都给我不止一次地说过不少这些方面的各种事例；就连学生，也都对他赞不绝口。总结起来，张老师有如下方面值得我们年轻的教师学习：一是做事求真务实，脚踏实地；二是有爱心，善于换位思考，替别人着想；三是工作上兢兢业业，业务上精益求精。古语云：“学高为师，身正为范。”张老师就是我们身边的榜样，就是我们努力的方向，就是我们人生路上的导航灯，就是我们前进路上的启明星，我们年轻教师自当勤奋学习，努力工作，以慰张老师的在天之灵，愿张老师一路走好！

您的精神永存

李　静

别的不说，一位教师的离世，能在全校范围内引发这么多的老师、学生进行缅怀，而且是发自内心的，感情真挚的，本身就足以说明张老师的人格魅力。从学生发的微信里得知张老师离世的消息，内心是震撼的，更是惋惜的，我们的学校失去了一位名师，我们则失去了一位值得学习、值得尊敬的前辈、师长。张老师，您一路走好，您循循善诱的教诲将永远铭记在我们心中，您朴素低调的为人处世将永远值得我们学习！虽然您离开了，但是您的精神永存！

这就是差距

吴志云

从张老师身上，我真正看到了老一辈无产阶级革命家的风骨，那份执着敬业、那份虚怀若谷、那份朴实无华真正融合在他身上。永远一双黑布鞋，一个布兜，还有一个“老干妈”玻璃杯；永远站在课堂门口暖暖微笑迎接着每个学生；永远底气十足、精神饱满、旁征博引的每堂课；永远微笑着走进来，对你说“我是来向你学习的”……每每想到张老师，总是由衷地感觉自己的确相差好多好多，一位前辈、一位长者能做到的，而我这个后辈、这个年轻人却做不到，这就是差距！现在我除了真心地希望张老师在天堂一切安好，唯有以张老师为楷模，不断检讨自己的心灵，怀着一颗愧疚的心继续努力下去。

“无声”的教育

李秋菊

张秀林老师对学生、对家人、对同事的“无声”教育，影响了一批又一批人。“学高为师，身正为范。”他对教学、对学生的“敬爱”的“课前五分钟”，是“师范”的表现。怀念：“昔人已乘黄鹤去，此地空余黄鹤楼。黄鹤一去不复返，白云千载空悠悠。”

点滴的言行闪耀在记忆里

张玲玲

张秀林老师勤勉、谦虚的人格特征留给我深刻印象。我想起一件事，大约十年前，张秀林老师讲授中国“文革”史方面的课程，有一次我与他偶然说起我正好有一些这方面的资料，比较新的一些资料，包含各家观点。张老师高兴地说那你打印给我一份。我很乐于与张老师分享这些资料，打印了单面 A4 纸 200 多页给他。其实这本来也没什么，不过是举手之劳。张老师德高望重，我那时还是年轻的后辈，他研究“文革”史是从事专业研究，而“文革”资料对于我只是业余时间的阅读而已，他如此谦虚地接纳我这么一个外行的、后辈的建议，令我感动。不仅如此，不久后在一次校内评估检查的场合，正式检查还未开始，张老师看见我时，一下子站起来，对我说，这些资料很宝贵，他开始以为就打印一两张纸的资料，没想到有这么多，然后众目睽睽之下向我鞠了一躬。我慌忙回礼，只说不敢当。我至今觉得这个鞠躬真是受之有愧。更令我时常想起的是这位可敬的前辈的那种真诚、热忱、谦和的人格品质。时光流逝，张老师点滴的言行闪耀在记忆里，也照亮着当下与未来的路，教我也做一个真诚、热忱、谦虚、勤勉的人。

他还在我们身边

陈丽芳

张老师仙逝了，却一直感觉他还在我们身边，还会随时能在校园里遇到总是衣着朴素、健步如飞、精神矍铄的这位老者。认真地看了几遍学院汇编成册的缅怀张老师的文集，不管是学院领导，还是文人才子、老师，大家无一不用最朴实、最真切的语言在回忆与张秀林老师共事多年的点点滴滴。张老师讲课非常有激情，这一点是很多青年老师无法比拟的。听过张老师几次公开课，他语速飞快，思维敏捷，理论联系实际，而且还紧跟时代潮流，讲课内容生动形象，有吸引力，课堂上总是时不时响起阵阵掌声和笑声。每次听张老师的课，都像是得到了一次心灵的洗礼。张老师非常爱护和关心青年老师。他作为学校督导，每学期都有繁重的听课任务。每一次听课，张老师都会早早来到教室，比任课老师和学生来的都早，然后安静地坐在教室最后一排认真记录。跟老师们交流的时候，也是以鼓励和肯定为主，就算提出问题，也会以一种春风化雨的方式，让我们心服口服。缅怀张秀林老师，我觉得最主要的就是学习他高尚的师德、严谨的作风、朴实的人格，让张老师的精神能够在每一位老师身上发扬和传承。

用生命谱写了一首荡气回肠的教师礼赞

闫济欣

惊闻张秀林老师去世的消息，我落泪了，老师们落泪了，学生们落泪了。想着张老师的感人事迹，想着与自己朝夕相处、忘我工作的同事们，我备受鼓舞，而更多的是为从事的高尚事业而自豪。张老师爱岗敬业，无私奉献的精神，细细品味，就是张老师的精神。众所周知，在历史的沧桑流变中，教师承担着教化民众，推动社会发展的重任。正如习总书记在谈话中所说："教师是人类灵魂的工程师；不仅要教好书，还要教好人，各个方面都要为人师表。"因此，我们要做好当代的教育工作，不仅要有精深的知识和较强的教育教学能力，还应具备良好的职业道德。伟大的教育家徐特立先生说过："教师是有两种人格的，一种是'经师'，一种是'人师'。作为新时代的教师，不仅仅是"传道、授业、解惑的严师，而且是拓展心灵智慧的人师。"而把师德修养放在首位的张老师，正是以其高尚的人格感染人，以文明的仪表影响人，以和蔼的态度对待人，以丰富的学识引导人。以博大的胸怀爱护人，用生命谱写了一首荡气回肠的教师礼赞。张老师虽然不是演员，但却以高尚的师德赢得了大批崇拜他的观众；他虽然不是雕刻家，却精心雕琢出了大批优秀的精品人才；他虽然不是伟人，却以自己的无私奉献和敬业精神博得了学生、同事和社会的尊重。忠诚于事业才能忘我，忠诚于国家才会尽责。每位敬业者的政治本色和优秀品质是一脉相承的，而张老师正是这其中杰出的代表，他用高尚的灵魂铸就了一座不朽的时代丰碑。有人说，果实的事业是尊贵的，花的事业是优美的，那么就让我们做绿叶的事业吧！为他们总是谦逊地垂着绿荫，衬托红花，孕育果实。纵然时光消逝了我们的青春，但我们无悔今生。随着社会的发展、科技的进步，张老师进一步认识到新时代教师使命的重大和师德弘扬的迫切，明确了教师对于学生进行道德垂范、知识传递、学法引导、情感培育、人生启迪的重要。张老师退休后，似乎比以前更忙、更累了，每次听他的讲座，在座的师生都会受益，讲课中总是有新的教法和理念。他总是热心培养青年教师，他的那份敬业与专注的精神更是我们年轻教师学习的榜样。

有你　有我　更有美好的明天

呼东燕

成绩不能满足，名誉催人奋进。作为一名教师，我觉得自己始终要以张老师为榜样，践行为人之道，从师之道。特别在新时代的今天，教师更要讲敬业和奉献，坚守着三尺讲台辛勤耕耘、开拓创新、默默奉献。因为，在我们的心中，学生永远是天使，教师就是为天使插上翅膀的人。张老师的去世不免让我们伤怀失落，而前方的路依然在脚下延伸。但请相信，在这条路上，你我并非孤独的旅人，这里有被粉笔染白双鬓的老者，也有青丝如黛的年轻人。我们坚信，这条路上，一定会收获新的风景。因为这里有你，有我，更有美好的明天！

爱工作如同生命

王 威

张老师热爱自己的工作，如同热爱自己的生命。凭着这种对教育的赤诚之心和强烈的责任感，张老师在平凡的教学工作中永远保持着一种崇高的敬业精神，我们应该学习继承张老师的这种敬业精神，认真上课，关心学生，严格要求自己，把全部的精力都投入到教学工作中。

新人眼里“高大上”的人物

马 爽

斯人已逝，音容宛在；泣涕不已，深切缅怀。自我一入校开始，张秀林老师给我的印象就非常深刻，他既是学校督导、教学名师这样在新人眼里“高大上”的人物，更是每次见面满面春风，甚至向我们这些小字辈弯腰打招呼的“老爷子”，每一次碰面，张老师那熟悉的颔首弯腰，总让我多少有些不知所措，不好意思。他既是课堂上滚瓜烂熟、如数家珍、脱口而出如爆豆的大师，更是谦虚和蔼、真心提点、不吝其识的长者。记得一次张老师听我的《新闻学概论》，竟然非常谦虚地说思政和新闻学在一定程度上联系紧密，要向我学习之类，让人愧赧不已。进而还说哪日要将珍藏的“文革”时期的一本实录小册子借给我，让我丰富对于这段历史的理解，至今想起，仰面止泪。愿张秀林老师安息。

用一生去学习与实践

吴亚娟

2008 年，我来到华北科技学院任教时，张秀林老师已经退休。那时，总是会在电梯里遇到一位个子不高、清爽的老教师，后来得知是张秀林老师。之后，在张老师的示范课上，他自己的介绍让人印象深刻，他为党工作的热情与真情也融入其中；原本很枯燥无趣的课程，从他的嘴里说出来，不仅浅显易懂而且风趣幽默。张老师给我印象最深的，一个是在讲台上深入骨髓的幽默，一个是脸上总挂着平和的笑容。深入骨髓的幽默，来自其对知识的深度掌握，以及要如何交给学生的用心思考。平和的笑容，来自他对本职工作的热爱，以及对个人利益得失的淡薄。这两点是我要向张老师认真学习的地方。作为一名年轻教师，张老师的授课方式值得我仔细揣摩，而他对工作的认真负责值得我用一生去学习与实践。

证实了自己的誓言

邹小青

初次听到张秀林老师说“要健康工作五十年，为共产主义事业贡献终生”，心想这是很多老师在大场合都会说的套话。但张老师用自己的行动，用自己对教学的热爱，对学生的关怀，证实了自己的誓言。现在想来是我们这些年轻一辈太狭隘、太功利，对教学工作不能做到全身心的投入。作为一名教师，只有做到热爱教学，抛弃一切功利的想法，才能真正获得价值感和认同感，这是我们青年教师最应该向张老师学习的地方。另外，对张老师印象最深的是他随身都带着一个小本子，随时记录他看到的、听到的、认为有用的内容来不断充实、更新他的知识，这种终生学习的理念，随时积累教学素材的习惯值得我们去追随。

父亲的影子

乔安娟

自 2003 年 12 月来到华北科技学院，就与张秀林老师在同一个系，每天看到张秀林老师在校园中的身影，一个帆布包、一个玻璃杯、一个小本子。一次，和张老师聊天，张老师说："我爱人没有工作，负责家务活，我每天的任务就是上好课。"看似简单的一句话，包含了张秀林老师对教学工作的极强的责任心，在他心中工作是第一位的，因此，为使课堂精彩，他查阅资料、精心备课、上课时朗朗上口的教学内容吸引着学生，上课时激情饱满的情绪感染着学生。在张老师身上，我常常看到父亲的影子，父亲虽然去世了，可是父亲在 1988 年被评为"全国劳模"，这些是对父亲一生兢兢业业工作的肯定，我从工作的第一天就以父亲为楷模，对自己严格要求，希望自己是一个不误人子弟的人民教师。今后，我要学习张秀林老师的优秀品质，坚定信念，传道授业解惑，爱岗敬业，认真负责，不断加强自己的学习，跟上时代的步伐。"三人行，必有我师。"我们的身边，还有很多学习的榜样，见贤思齐，不断完善自己，给自己的人生一份满意的答卷。

对年轻教师的关心

苏珍梅

张老师对年轻教师非常关心，不单在教学上，而且包括生活方面。记得我刚来学校，怀孕的时候想去调课，但是系里不准。张老师知道后主动帮我安排，他这么热心令我很感动。

到我家“串门”

卜忠政

我 2004 年刚来学校的时候试讲，有很多不足，后来张老师到我家“串门”，给我讲了很多经验和技巧，其实他是专门来登门指导，令我很感动，对我教学能力的提高帮助也很大。他每次课都有“历史上的今天”这个环节，能长期坚持不容易，我要向他学习。

合格的思政课教师

王淑江

第一，张老师对党的事业忠诚，是合格的思政课教师；第二，他对得起学校，勤勤恳恳，任劳任怨；第三，对于家庭，他是个好丈夫，好父亲；第四，他个人生活简朴、淡泊名利，这些都是值得我们学习的。

对张秀林老师充满敬意

赵　蕾

作为华北科技学院人文社会科学学院的一名普通教师，我对张秀林老师充满敬意。2004 年我研究生毕业来到华科工作，当时张老师就是一位朴素、谦虚、随和的长者。由于专业的关系，与张老师接触不多，但随着对张老师生前生活、工作状况的逐渐了解，在我的头脑中张老师的形象逐渐丰实、完满和高大起来。对张秀林老师生平的深入介绍和宣传，更让人感受到张老师平凡之中蕴含伟大的人格，张老师堪为华科教师的表率和楷模！榜样的力量是无穷的，我将以张老师为榜样，满腔热情地投入到自己的本职工作中去，忠诚党的教育事业，全心全意为学生服务，努力工作和学习，以实际行动为我们学校的发展贡献自己的力量。

师德堪为楷模

尹平平

张老师师德堪为楷模，在学校作为名师、教学督导、学术委员，从来都是充分实践以人为本，科学发展的理念，在对学生、对教师都是满怀深情，精心栽培、指导、提携。我多次得到张老师在课堂的精心指点，在评职称的道路上也多次得到张老师的教诲。曾经有一次我问张老师一个中国四大名楼的问题，张老师次日给我一张纸条，上面是他查阅了诸多资料后的三种说法，张老师为学之认真、对后学之用心可见一斑。

提高自己的思想境界与人生高度

高艳辉

非常遗憾没有亲自去张老师的课堂上聆听张老师精彩的讲课。但通过听张老师的事迹报告，张老师全身心投入教学，奉献一生，鞠躬尽瘁的精神令我自愧不如，今后要学习张秀林老师对教师这个职业的自我认同与自我奉献精神！学习张老师对于物质的淡泊追求，提高自己的思想境界与人生高度。

从张老师的事迹中学习点滴

许 璐

曾经有幸和张老师门对门上课，每次都看见张老师在门口迎接学生，下课的时候如果遇见张老师，他会对我说一声辛苦了，那时候我就对这位朴素的老教师肃然起敬，虽然当时并不知道这位老师的姓名。今天听到张老师的生平事迹，明白张老师的教育人生把人摆在了第一位，无论是求知的学生还是其他的老师。他摈除其他杂念，将一切经历投入到了教学工作当中，这是年轻一代的楷模，很遗憾自己没有机会聆听张老师的教诲，但是希望自己能够从张老师的事迹中学习点滴，去除浮躁的情绪，沉淀下来，专心做自己的本职工作。

最精彩的一节思想政治课

苗文静

记得以前听过张秀林教授的公开课，那是我听过的最精彩的一节思想政治课，原本以为很枯燥乏味，在张老师的课堂上却那么生动，今天听了张教授的事迹，感觉自己很惭愧，作为一名教师，自己做得远远不够，需要进步的地方还很多，张老师的事迹会一直鞭策着我，努力完善自己。

体现在细节上

王　清

听了张秀林的事迹，心里的感触真的很多。感觉自己现在作为年轻的新老师，很多地方远远比不上那些老教师。老师的很多优点都体现在细节上，为人师表不仅体现在课堂上，也体现在生活思想上。以前对思想政治课还有点看不上，现在看来自己还是太年轻不懂事。

你辛苦了

王　昕

十多年前，刚走上讲台的我曾经有幸被张老师听课，课前他笑着对我说："你别紧张，我是向你学习来的！"我听后为之一惊，脸瞬时红了。下课后，我快步走到张老师面前，他又笑着对我说："你辛苦了！"就是这么一位平和谦逊的老人，日后成为我心中的楷模。在现今浮躁的社会，身为一名教师，要拥有一颗平常心，踏踏实实站稳讲台，认认真真讲好每一节课，兢兢业业做好本职工作。

这是一个伟大的平凡人

张守成

张秀林老师为了人民的教育事业奉献了终生，实现了自己对党和人民的承诺，虽然他已离开，但他的精神会永存世间，这是一个伟大的平凡人。从不同方面听到他的事迹，感动着我，震撼着我，让我陷入了深深的思考。作为同一个学校的老师，应该要从他身上学到些什么呢？那就是他奉献教育的精神和信念。他去世后，学生自发在贴吧悼念，一个深得学生喜爱的老师就是成功的。在我以后的教育职业生涯中，我将在他先进事迹的启迪和鼓舞下，树立正确荣辱观，努力增强“学高为师，身正为范，教书育人”的教师使命感，不断强化自己作为一名教师的责任心。既然我选择了教师这一行，我就要用我的激情，用我的爱心把这份光和热永远延续下去。

留给我们的是无尽的思考

孙彩云

张老师走了，听到这个消息我的眼泪流了出来。我 2002 年来到学校，那个时候我就认识了张老师。张老师和蔼可亲、笑意融融，给人一种容易亲近的感觉。我当时对张老师由衷地敬佩，感觉他像我的父亲。张老师很朴素，平时经常拿着布袋子，穿着布鞋，神采奕奕。学生都很喜欢他，很喜欢听他讲课，他的课学生很少缺席，也会有很多学生自主选他的课去听课。张老师对我们这些年轻教师也很好，记得有一次，张老师作为学校督导去听了我的课，课后张老师满脸笑容地鼓励我说，“你讲得很好，继续发挥，为我们学校发挥更好的力量。”我听了张老师的鼓励，心理暖暖的，当时就想，我一定会按照张老师的指导去做。每次在学校里，遇到张老师，我都会主动打招呼，张老师也会回报我笑意融融，看到张老师的头发越来越白，但是朴素的身形依旧，真的是我校的一道独特的风景，张老师给了我们老师和学生老一辈人的精神鼓励，给着我们学习的那种暗示，我们不能忘了老辈人的艰辛与认真，不能忘了上辈人为我们做出的贡献。张老师走了，留给我们的是无尽的思考，我们作为老师，要以张老师为目标，为下辈人而努力奋斗！

用真心与奉献迎接每位学生

杨文光

尽管我来到华北科技学院仅仅才五年半的时间，但是作为一位年轻老师也深刻体会到了张秀林老教授在教学上的巨大付出。记得非常清楚，一位非常普通的老人，穿着普通，一双布鞋，拎着一个布袋子，走在校园里，完全不会引起大家的注意。就是这样的一位老人，当我知道他是一位老教授时，我对其肃然起敬。我认为他师德高尚、不拘小节，是我们年轻教师的楷模。当听到他把全部精力都用在教学上，每次上课都提前到学校，到课堂，我也要向他学习，坚持早到课堂，用真心与奉献迎接每位学生。我要向张教授学习，全心全意为学生服务，提高个人教学能力，兢兢业业、不辞辛苦，把教学工作作为终生为之奋斗的事业。

假如生活中处处有这样的人

葛世刚

张秀林教授从教数十年如一日，尽职尽责，呕心沥血，他生活简朴、廉洁从教、克己奉公，言传身教，把自己全部的爱无私地奉献给了党和人民的教育事业，他的崇高品格和师德不仅受到学生和教师的尊敬，更得到了广大人民群众的高度赞誉。他让我懂得了，一个人，原来可以这样积极地对待工作和生活，可以这样真诚地与人相处，可以这样热情地帮助别人。在当今冷漠、隔阂渐成风气的时候，我们需要的，不正是这样的生活态度和方式吗？可以想象，假如生活中处处有这样的人，那我们这个社会，必将更加和谐，必将布满更多的温情，必将更有人情味，必将更让人留恋。我从张老师身上学到了很多，也让我重新熟悉了教师这份职业，在如今的这个工作岗位上，我想我应该用一份真挚的态度去对待工作，争取做一名优秀的人民教师，为教育事业尽微薄之力。

要有百分之百的热情

魏　静

初识张教授，是在刚来学校工作不久，有幸聆听了这位教学名师的一次公开课，课堂上，张教授不拘一格的教学风格深得大家赞许，神采飞扬，热情洋溢的讲课不时赢得在场师生的一阵阵掌声！之后，每次在校园里碰到张教授，都会很热情地打招呼，张老师也都会微笑招手回应。印象中，张老师总是那么朴素，布衣素履，拎着装有教案的手提袋穿梭在校园的各个上课教室，或者是在学校和南校园的班车点等候。之后似乎有一点时间没有见到张教授，今年的上半年偶然又在校园里看到了张老师，乍一看真的有点不敢认了，当初尽管简朴但也红光满面，这次见到的是一个瘦骨嶙峋的老人，但是依然精神矍铄，还是热情地打招呼！直到 2015 年的五月十五日，学校门口张贴了张秀林教授的讣告，当时还是不敢相信，这么一位深得师生爱戴的教学名师就这么离开了！这次有幸听到张教授的长子给我们讲了张教授在生活和工作中的点滴小事，使我对张教授更加敬佩，教学无小事，课堂要鲜活，课程要常讲常新！无论是对生活还是工作，要有百分之百的热情！

完善自己　提升自己　传递正能量

米斌周

张秀林老师践行他的母校北师大的校训，“学高为师，身正为范”。他摒弃浮华，以不随波逐流的认真态度热爱党的教育事业，放弃领导职位来到教学一线踏踏实实、兢兢业业，需要极大的勇气。他以极大的热情对待学生，用科学的人文精神和人文关怀影响和关心每一位学生，最终赢得了学生的尊重，成为学生的恩师。所有这些值得我去思考和学习。完善自己，提升自己，传递正能量。

别紧张　我是来学习的

华玲玲

张秀林老师一直是我非常敬佩的一位长者，非常荣幸的是刚刚上讲台开始上课时他曾经听过我的课，听课前非常谦虚地走过来跟我说“别紧张，我是来学习的。”听到这位平易近人的督导这样说，我顿时就不紧张了。听完张秀林老师的事迹报告，了解了张老师生活中的点点滴滴，更加敬佩这位老人了，他对讲台的热爱，对学生的热爱，对待工作的态度，以及高尚的人品都是我们学习的榜样。永远缅怀张秀林老师！

平凡而伟大的精神能得以传承

张 琳

第一次听到张秀林教授的名字，知道了他是一位几十年坚持课前五分钟站在教室门口迎接学生的可敬的老教授；第二次听到张秀林老师的名字则是带来了他已过世的噩耗。心中有些惋惜，但仅此而已，因我此时只是“听识”了张秀林老师。直到这次系里请了张秀林老师的儿子张勇老师来做报告，我才真正“认识”了张秀林老师，又进一步在座谈会上与大家交流探讨，让我对张秀林老师充盈起满心的崇敬，也有了无缘真正结识的遗憾！逝者已矣，我会将遗憾留在心里，带着我满心的崇敬向张秀林老师学习，学习他在教学中的不断钻研更新，学习他对待备课几十年一直以来的认真仔细，学习他对学生的关心爱护，学习他几十年不断地坚持学习、自我提高！我会尽我所能做到最好，希望张秀林老师平凡而伟大的精神能得以传承！

从事的教育事业永不放弃

李海军

学习了张秀林老师的事迹后，我深深被他那种深爱三尺讲台的精神所感动，我深刻体会了什么是“春蚕到死丝方尽，蜡炬成灰泪始干”的真切含义，尤其是张老师在病重之余，仍然到他曾经无数次宣讲政治精神的教室里看书，这是一种不舍，是对他自己所从事的教育事业的一种钟爱。张老师的事迹鼓舞、激励我在以后努力工作，对自己从事的教育事业永不放弃。

我一生的必修课

孙媛红

毕业于人文社科系，张秀林老师是我的恩师，上过张老师的思政课和党课，听张老师的课总是听不够。张老师也非常关心青年教师的成长，每次路上遇到都会语重心长地聊一番，把他自己的经验和建议毫无保留地与我分享。对张老师的尊敬和爱戴是一直都有的，自从深入学习张老师的事迹精神，我对张老师又多了几分近距离的了解，在今后的工作中，我会把张老师的好铭记在心里，化成我前进的动力，以张老师为榜样加强自身各方面素质的提高，对张老师精神实质的学习将是我一生的必修课。

永远鞭策我们前进

由 伟

张秀林教授是有理想信念、有道德情操、有扎实学识、有仁爱之心的好教师，是我们身边的榜样，我们应该向榜样学习，做好自己的工作。张秀林教授为我们树立了见贤思齐的榜样，在平凡的岗位上，处处细节体现着认真、严谨、奉献的工作精神，永远鞭策我们前进。张教授为人正直、作风艰苦朴素，上课脚穿一双布鞋，手里拿着一个罐头瓶改做的水杯，时时刻刻向学生传输正能量，是我们的学习楷模。从张秀林教授身上，我学到了对待工作的崇敬之心、纯净之心、平静之心，学习他甘当人梯默默奉献的精神。经常挂在张教授嘴边的一句话是：为党健康工作五十年。张教授的教案和现在大多数教师不一样，他是一个字一个字的手写教案，工整程度简直是一件艺术品，这是我们年轻人需要学习的精神。我们也应该学习他艰苦朴素、兢兢业业工作的奉献精神，学习他热爱教育、爱生如子、甘为人梯、爱岗敬业的崇高师德，学习他潜心治学、甘于清贫、淡泊名利、献身事业的高尚精神，争取从他的先进事迹中汲取养分、激发动力、凝聚正能量。

在平凡的工作中铸就了闪光的师魂

许兴民

张秀林教师事迹体现了热爱学习、热爱学生的精神。他把爱献给了教育事业，在平凡的工作中铸就了闪光的师魂，为我树立了人民教师的光辉榜样。从他的身上，我看到了他那种爱岗敬业、无私奉献、事业为重的高尚品质，对工作一丝不苟的、高度负责的敬业精神、乐于助人的高尚职业道德。作为一名教师，我认为在今后工作中首先应该以他为榜样，学习他献身教育，甘为人梯的崇高境界。学习他以德立教、爱岗敬业、忠于职守，树立良好的职业道德，真正热爱教育事业，以教育为快乐，热爱自己的工作岗位，扎扎实实地干好自己的本职工作，把全部的爱献给教育事业，献给我们学校的学生们。

在他身上感受到的总是亲切和友善

李 永

我与张秀林老师交往并不多，只是印象中，以前担任教学秘书时与张秀林老师有过几次接触。经过这次对张秀林老师事迹的学习，我对张秀林老师有了更加深刻的认识。在我的印象中，张秀林老师是一个衣着朴素、待人谦和的长者，无论什么时候，在他身上感受到的总是亲切和友善。张秀林老师身上充满了对学生关爱、对教育事业的热爱，所以才能全身心投入到教学活动中，才能这么多年认真从事教学，无怨无悔。我们要学习张秀林老师那种对待学生就像对待自己的孩子一样发自内心的关爱，认真准备每一堂课，认真对待每一个学生，在教学工作中要踏踏实实、一丝不苟；要用自己的言传身教、实际行动去教育引导学生，争取能够做到让学生在我的教育和引导下有所进步，树立正确的人生观、价值观，争取培养出更多对社会有益的人才。

感谢他的指导

刘军明

张秀林老师具有谦逊待人和对工作一丝不苟的高尚品格，在学校里，无论在何时何地，作为我校学生评价非常高的老教授，无论是碰到领导、同事，还是学生，张老师总是很热情地和人打招呼。在我校第三次自评估的时候，我有幸与张老师有次接触，他在教学工作检查时非常仔细，对我们实习报告的规范性、教师的批改情况做了非常好的指导，在指出问题时总是脸上挂着笑容，不但指出问题，而且能帮我们找出补救的措施，真是我们全体教师学习的榜样。

思政课讲得很灵活

郑笑红

张秀林老师具有严谨的治学态度和广博的知识，张老师是讲“思政”的教师，对“思政”课很多年轻人是不感兴趣的，但是张老师在我校却把“思政”课讲得很灵活，学生的兴趣都很高涨，作为一名教师，我在学校听了一次张老师的报告，很受启发，但同时也为张老师丰富的学识和幽默感所折服，从他的报告内容我们能体会到张老师语言的幽默和知识的丰富，他丰富的知识应该是在平常日积月累形成的，很多事情来龙去脉介绍得非常清楚，主题也非常鲜明，语言也很诙谐，张老师这种对教学工作的严谨态度给我们全体教师留下了深刻印象，也是我们学习的楷模。

对我们和学生的世界观起着潜移默化的影响

王彩红

张秀林老师给我们印象最深刻的是他具有的艰苦朴素的精神，在学校张老师作为一名知名教授，家里的经济条件应该是不错的，但是在学校每次看到张老师，张老师总是穿一双布鞋，衣服也都是比较旧的款式，手里拿个布袋，有时甚至看到张老师把别人扔到地上的塑料瓶捡到袋子里。与在课堂上潇洒自如、游刃有余形成鲜明的对比，其实，这反映的正是张老师对生活的态度和一种精神，这正是共产党人倡导的反对铺张浪费、提倡艰苦朴素的精神，他的这种精神也对我们和学生的世界观起着潜移默化的影响。

一名学生信得过的老师

范国敏

张秀林老师对学生的关心是从内心发出的，在网上学生对张老师的评价非常高，在多年以前，我所带班级的一位学生曾经很有感触地告诉我，在张老师的课堂上，张老师的人格魅力感染了很多学生，有些学生的世界观和人生观从此有了改变，张老师课下很喜欢和学生聊天，对学生提出的各种问题他都会用心帮学生解决，而且有始有终，有很多学生和张老师还成为忘年交，要做好一名学生信得过的老师，你平常的一言一行都在潜移默化地教育着你的学生，作为教师，要成为学生爱戴的老师，老师对学生的爱心是必不可少的，张老师用他的实际行动向我们诠释了这个道理。

听张老师的课兴趣很足

刘　佳

张老师曾经是自己的老师，当初带课“马哲”，也清楚地记得是“非典”特殊时期，张老师的课程给自己很大的感受，上课非常认真，脱稿讲述，引用例子很多，也常常结合自身的经历，向学生传述各种学习精神。听张老师的课兴趣很足，所有学生都会认真聆听，原本枯燥无味的课程在他的引领下变得生动有趣。将来个人也要认真学习张老师兢兢业业的精神，努力做好自己的本职工作，谦虚、踏实，做一个优秀的教育工作者。

这个时代应该认真琢磨钻研的问题

刘永涛

我也曾是张老师的学生，现在张老师这样的教师、这样的精神很难得，也是这个时代应该认真琢磨钻研的问题，应当建议各位老师和学生学习张老师那种刻苦钻研、拼搏向前的责任感和为党为事业忠诚无私的信念。

每一堂课都精彩

永智群

同张老师认识多年，他一直是自己敬仰、敬佩的长辈，跟自己父亲是多年同事，也知道一些张老师的优秀感人事迹，对待工作认真踏实，对待同事和蔼友善，对待学生孜孜不倦、耐心引导。上的每一堂课都非常精彩，是自己一生都要学习的榜样。自己也会认真学习张老师的优秀精神，踏踏实实做好自己的工作。

敬佩与学习的楷模和名师

王江华

张秀林老师也曾经是自己大一时候的“马哲”老师，感觉张老师讲课十分精彩，课堂没有一人不在认真聆听张老师的宣讲，感觉其为人正直、作风艰苦朴素，对党和事业忠诚热爱，无论在工作中还是生活中，时刻注意自己的修养，拼搏努力勤奋，从不发牢骚，时时刻刻传递正能量，是自己敬佩与学习的楷模和名师。

学者风范

石小娟

有一次学期初试讲，张教授作为督导听了我的《日本概况》课程，课后张老师指出我课堂上提到的几组数据，用诙谐幽默的方式建议我把这一些数据和日本发动全面侵华战争的日期结合起来，无论是指导方式还是具体的建议，都让我感受到了张教授学识渊博、思维敏捷的学者风范。

肩负“后死者”的责任

余利青

您一身布衣，一个布袋，一双布鞋，外加一个老干妈玻璃杯的标配，匆忙走过校园。脸上的那份真诚和谦和的微笑，不知道有没有打动像我当年一样狂妄的小年轻们。初上讲台，就被您听课，真是紧张，脑门发热，满嘴跑调，仓促下台。而您依旧是那招牌式的温和微笑，慢慢熨平我那紧张的神经与语速。后来您听我的课多了，每次都谦虚地说挺好挺好的，我也是懦弱，也是胆怯，也是虚荣，不曾上前多问问。而如今再想细学，也只能是空想。三十而立，我很庆幸我能选择这份教书育人的职业，我很庆幸我能站在这三尺讲台，我很庆幸我还能肩负“后死者”的责任。张老师，对讲台的爱与奉献，对学生的爱与耐心，对自身的利益与形象的淡然，离我们这个精致的利己主义世界太遥远！

他有着朴素的生活和华丽的精神世界

李云瑾

第一次见到张老师，是 2011 年的一个春天，张老师作为学校的督导，到我的课堂上听课。记得当时张老师坐在教室后面，面带微笑，时不时地点头。下课之后，还对我进行了很多肯定。当时我还是一名青年教师，张老师的肯定给予我莫大的鼓励。以前总是不理解什么叫“春蚕到死丝方尽，蜡炬成灰泪始干”。但是从张老师身上我看到了。觉得他好像一直都在校园里，某一个转身，就会看到他的经典笑容。但是突然之间噩耗就传来了。但是尽管噩耗传来了，你又会觉得他一直不曾离开。好像一闭上眼睛，他的标志性的笑容就还在脑海里，好像恍惚之间，校园里还有那个匆忙的身影。但是我们的校园已经不是原来的校园。我们每个人都知道我们有那样一位先生，他有着朴素的生活和华丽的精神世界。这让我们每个人都重新拾起了我们最初的梦想，我们最初踏上三尺讲台的时候，不就是怀揣这样的梦想吗？榜样的力量，让我们又一次找到了内心深处最初的原点。

帮助更多学生获得有意义的大学生活

王晶晶

转瞬间，我来到华北科技学院已有十年时间。刚到学院工作时，我就曾听说过张秀林老师，并且曾有幸聆听他在全校大会上的讲话和示范授课，当时就深受震动。在参加这次向张秀林老师学习的活动后，我更进一步地了解了他的事迹。这些事迹深深地感动着我，震撼着我。我也是一名大学教师，尽管我们教授的科目迥然不同，但我们可以共享同一种精神、同一种信念、同一种态度和同一种操守，那就是爱岗敬业和无私奉献。在以后的教育职业生涯中，我将努力增强“学高为师，身正为范，教书育人”的教师使命感，不断强化自己作为一名教师的责任心，争取能够帮助更多学生获得有意义的大学生活。

做最优秀的教师

梁英君

初到华科，初为人师，张老师给所有新老师上了一课，我是其中之一，印象特别深，他以他的名字作为开场白：“我叫张秀林，木秀于林，风必摧之，但我不惧风霜”。第一课张老师告诉我们做教师就要做最优秀的教师，他在自己教师生涯中践行了自己的理想和信念。他把所有的心血投入到教学工作，成为一名让学生喜欢的老师，这不是件易事，特别是做一名让现代的大学生喜欢的老师，我觉得就更不容易了。张老师关爱师生、谦恭好学，无论同行还是学生，只要与他打招呼，他总会回应，若有疑问就会停下匆匆的脚步，驻足聊几句。我有幸与张老师有几次简短的谈话，随着张老师的离开，这些场景成为我最珍贵的回忆。我很好奇一个年近七旬的老教师如何在课堂上总是那么精神饱满，他笑答：“呵呵，过奖了，自己不阳光灿烂怎么让阳光的心态感染学生?”没有侃侃而谈的解释，但我明白了。一个让学生喜欢的教师首先要能用高雅的气质感染学生，使自己成为学生心目中的道德模范，并用自己的言传身教使学生具备阳光般的心态和健康的人格。学习张秀林老师事迹让我更深刻地体会到做教师就要做一名优秀的教师，而一名优秀教师应该是有激情的教师，以感染、带动学生，使学生神经兴奋、感情丰富、思维敏捷，使师生间的信息交流产生共鸣。一名优秀的教师要知识渊博，必须对知识进行消化创新，使学生最易接受也最乐于接受。总之，我要以张秀林老师为榜样，积极进取，努力钻研业务，在自己的工作岗位上兢兢业业、勤勤恳恳、扎扎实实地工作，为我校教学工作不断进步和发展做出自己应有的贡献。

跋

斯人已去，精神常青

很多人眼中枯燥无趣的课程，你的课堂却那样妙趣横生。学子们跟着你的叙说起伏着心情，时而唏嘘不已时而热血沸腾。三尺讲台是舞台，你是台上耀眼的星——启迪智慧，启迪心灵。

装着教材教案的布提袋，还有装着白开水的罐头瓶；洗得发白的蓝衬衫、黑布鞋，还有洋溢在脸上谦和谦逊的笑容。朴素的形象穿越四季，你是校园中独特的景——如此可亲，如此可敬。

立志求学、砥砺前行，那是人生理想的丰满与厚重。学而不厌、诲人不倦，那是奉献教育的热情与激情。信仰如磐践诺终生，那是用实际行动诠释的共产党员先进性。精神指向未来，你是师生心中的灯——照亮过往，照亮永恒。

音容笑貌定格在七十二岁，故事却经久不息地传颂。它们扎根在记忆里，是飞扬的旗帜猎猎有声。它们藏身于校史里，化作了缤纷文字点捺撇横。它们潜入师生的言与行，教人自立立人唱大风。为经师为人师，你是师德魅力的峰——指引前行，指引攀升。

斯人已去，精神常青。

在庆祝建党94周年之际，校党委发出了向张秀林同志学习的号召。一年多来，学校各级党组织通过多种形式学习张老师高度的政治觉悟和高尚的师德师风，学习他信念坚定、矢志不渝，爱岗敬业、认真负责，关爱师生、谦恭好学，任劳任怨、无私奉献，艰苦朴素、勤俭感恩的精神。他的先进事迹和高尚情操激励着越来越多的教师崇德向善见贤思齐。

值此第32个教师节来临之际，我们编辑出版了《平凡的伟大》这部纪念张秀林文集。谨以此文集向张老师致敬，向在平凡的工作和生活中坚定践行社会主义核心价值观的张老师们致敬。

本书编辑过程中得到了人文社会科学学院（思政教研部）的大力支持，得到了全校上下的关心鼓励，在此一并感谢。书中不妥之处，敬请批评指正。

编者

2016年8月